以溫柔擁戴你的獨一無二

Jas 林沁——著

作者序

謝謝你成為你，陪我找到我

十歲那年，我擁有了人生中的第一本日記本。那是一位摯愛的家人，贈予我的離別禮物。

不久後，我離開了台灣，懵懵懂懂地開始了在海外成長的生活。那本夾在精美外盒裡的日記本，也成了童年每每想家時，收納情緒的樹洞，裡面記載著不能與父母言說的秘密，和無法與世界交流的聲音。某天放學回家，我看見我的日記本被攤在餐桌上，內頁佈滿紅色原子筆反覆標記的圈圈和線條，接著在一陣怒罵聲中，它在我的眼前被撕得粉碎。那天之後，我到處收集帶鎖的日記本，卻再也寫不出自己被封鎖的心事。

變化萬千的異鄉生活和多元文化，成了我日記裡嶄新的篇章。我開始書寫別人的故事，收集起那些發生在生活周遭的際遇，和不同的人生抉擇所反射出的人文色彩。我紀錄著故事，也被故事治癒著；我為不完美的故事發聲，而它們也為我不完整的心，找回重新發聲的可能。慢慢地我發覺，有些難題我們之所以無法一個人面對，或許是因為需要走進別人的故事裡，才能找到答案。

我在別人的旅行中，探索自己內心的世界，學習沿著脆弱的軟肋，找到勇敢的力量。

如此以故事和世界交換日記的習慣，跟著我從日記本搬遷到部落格；從白色書桌右手邊的第二個小抽屜，進駐線上雜誌平台的太空灰視窗；從那些曾療癒我的時光，安靜地走進你凝視的目光。此刻，我想用散落在世界各地的人生課題，與你交換一趟以溫柔擁戴自己的旅程，可能我們會如飛鳥般悄悄經過年少的天空，如大海默然悅納未來的底蘊，又或者如孩童那般，清喜地拾起沿途風景，一步步更靠近心靈的故鄉。

真實人生的模樣，終究不是一幅自畫像，它處處充滿著情感重疊的指紋，和故事相互交錯暈染的光影；像是一幅存在於永恆進行式裡的抽象畫，雖帶著歲月揉不平的顆粒，卻也永遠蘊藏著等待被看見的亮點，和尚未調配出的色彩。我相信會有那麼一個人，誤打誤撞地認出你的缺口，然後用與生俱來的本能去填滿它，像是久別重逢的溫暖，失而復得的圓滿。

謝謝你成為如此獨一無二的你。

Jas

2022．10．7

PRELUDE

謝謝你成為你，陪我找到我——2

輯一

活出光芒的方式並非燃燒自己，而是先允許自己被溫柔照亮

• 弄妝——11
原諒過去的人其實從未遺忘，只是更懂得珍惜未來

• 單翼——20
使我們成長的不是破碎的遭遇，而是在過程中一次次勇敢的選擇

• 畫心Ⅰ—雙飛——31
真實的愛能儲存在記憶以外的感官裡，蘊育出永恆的效應

• 畫心Ⅱ—光芒——41
無論到了幾歲，都不要失去自己喜歡的樣子

• 花路——53
順境中的陽光使我們明亮，逆境裡的風霜使我們茁壯

• 聚光者——61
再崎嶇的心路也終究會成為歷程

• 懸崖上的水教堂——75
有些人縱使在黯淡的憂傷谷中掙扎，也願意成為別人的光

• 給世界最好的你——83
最深的孤獨不是沒有人陪伴，而是我們有幸結伴同行，
卻不認識彼此的心

• 黑海曙光——91
仇恨，是文明真正的敵人

• 接納——99
不要因為渴望被接納，而忘記自己是誰

輯二

即便物換星移，年華輕彈，也能找到彼此眼中的星辰大海

• 第三人設——117
你要相信，自己一定可以愛上更好的人

• 蜜糖咖啡——125
人的眼光、需要和喜好都會隨著成長而改變，
正因為如此，那些不變的，才更值得我們去珍惜

• 十年——133
認認真真地愛過，結束就不是失敗

• 驕傲的傷疤——141
一定會有一個人，懂得將你的溫柔纏繞於心，不離不棄

• 老情人——149
使愛情永久保鮮的不是完美的形象，而是完全的接納

• 靈魂伴侶——161
所謂的不合適，有可能是一輩子，也有可能只是一陣子

• 南笙星海——169
唯有活生生的愛，能使消耗殆盡的心死而復活

輯三

是你用強烈的親密，賦予我獨立的勇氣

• 浪潮——188
真正的夢想，不是波濤洶湧時奔騰的一腔熱血，而是風平浪靜中仍跳動不息的脈搏

• 拜別——199
在成為大人之前，我們不一定有幸能好好當個孩子

再生——215
最有感染力的教導來自生命，最有影響力的傳承來自陪伴

父與子——223
傳承最雋永的奧秘，是相信孩子的世代，也是父母的世代

我想記得你——233
逝去的家人不會希望成為我們心坎上那道過不去的課題，
而是生活中值得留念的話題

歸巢——243
女人的一生中，其中一個最需要媽媽的時候，
便是當她自己成為媽媽的時候

生辰紀念——255
那使你脆弱的軟肋，往往也是使你勇敢的力量

秀珍——263
有時候真正使我們成為家人的不是血緣，而是無條件的愛

朝朝暮暮——277
不要忘了你還是你，只是變得比你想像中更堅強

秋夜初雪——290
真正能終生囚禁我們的，不是破碎的家庭，而是為家庭破碎的心

CONTENTS

CHAPTER ONE

活出
光芒的方式
並非燃燒自己
而是
先允許自己
被溫柔照亮

以溫柔擁戴
你的
獨一無二

弄妝

她的傷疤可以是童年時不被愛的證據，
也可以是帶領她來到養母身邊獲得重生的胎記；
可以將其視為被拋棄的印記，也可以當作被揀選的信號。
每次撫摸那凹凸不平的皮囊，七公分長的觸感，
喚醒的可能是記憶中滾燙的疼痛，
也可能是疼痛剝落後，一寸寸滲著血癒合的救贖和希望。

米芮的工作室裡繚繞著深沉的煙燻味，木質調的香氣裡夾雜著皮革的味道在背景發酵，像是燒著劈剝劈剝的柴火，黑暗的衝擊隨著時間的推移，轉化為濕潤厚實的感官。

原諒過去的人
其實
從未遺忘
只是
更懂得珍惜
未來

這個空間很乾淨，除了陳列在桌面上的一排雕塑作品外，其餘在視線範圍內的畫面幾乎都是空白的，極簡的視覺效果與豐富的嗅覺體驗，營造出一種既神秘又純粹的對比。

「這裡跟我想像中的特效化妝工作室完全不同。」我有些驚訝地說。

「妳以為會很血腥？其實越刺激的創意越需要平靜的創作空間，我平時只會用味道來帶入一點情境和靈感，所以別擔心，不會有什麼驚悚的東西跳出來。更何況，我們今天要做的是婚禮，不是電影。」她露出爽朗的笑容回應，隨後調皮地補充：「不過妳想像中的那種半成品都放在裡面的房間裡，如果妳有興趣的話，等下也可以進去看看。」

我想我應該感謝這次與燒燙傷協會合作的婚禮專案，否則應該很難有機會能和米芮一起工作，探訪這個截然不同的專業領域。

「老實說，我原本有些擔心妳會不會不願意接這個案子，因為畢竟特效化妝和新娘彩妝是完全不同的專業。一開始我們也曾想過找專業的燒燙傷化妝師，但新娘說，她並不想遮蓋臉上的傷，反而想透過藝術突顯它，把傷疤變成可以跟親友們分享的故事。除了妳，我實在想不到任何人可以做得到這件事。」我由衷地說。

「妳知道我會答應的。」她邊說邊用左手繞過右耳，輕巧地將過肩的長髮撩向左肩，露出自己頸部右側的疤痕，打趣地說：「因為我最愛用傷疤說故事。」

她與我相視而笑。我想起大二那年，在行銷學的課堂上與她相識，她也是以同樣的動作撩起長髮，用頸上的傷疤，分享了一段令全班同學動容的見解。

當時她說，品牌行銷就好比說故事，但重點不在於這個故事裡究竟發生了什麼，而是在於它讓我們相信了什麼。她的傷疤可以是童年時不被愛的證據，也可以是帶領她來到養母身邊獲得重生的胎記；可以將其視為被拋棄的印記，也可以當作被揀選的信號。每次撫摸那凹凸不平的皮囊，七公分長的觸感，喚醒的可能是記憶中滾燙的疼痛，也可能是疼痛剝落後，一寸寸滲著血癒合的救贖和希望。她的一席話，令我忍不住在當天下課後主動找她聊天，傾聽了更多的故事，也開啟了我們之間的友誼。

她說米芮這個名字，是在她六歲被收養時，由養母為她取的，是日語發音，意思是「未來」。養母時常對她說，只要相信過去已經過去，就能擁有美好的未來。收養她的媽媽是加拿大人，並不會說日文，刻意以日文為她命名，是希望能讓當時只聽得懂日文的她，明白這個名字背後的心意，陪伴她慢慢走出家庭暴力的創傷，打從心底接納自己嶄新的身分。

「媽媽收養我的那天，嘴裡說著我聽不懂的話，但很奇怪，我就是知道她好像一直在告訴我，我是被愛的，她很愛我。」每當她提起養母，一雙淡靜如海的眼眸就會變得溫熱透徹，像一汪暖流，傾瀉出稚氣的依賴。

很多人說，不曾被愛的孩子不會懂得愛是什麼，但我想，愛是烙印在每個孩子心頭上的胎記，是與生俱來的渴慕，使我們終其一生無論知曉與否，都不由自主地在不同的人際關係中不斷追尋，沿著忽隱忽現的信號，拼湊、找尋著這塊自己心上的符號。六歲的米芮在養母陌生的臉龐上，看見了熟悉的符號，那是她一直在等待，縱使傷痕累累也不願放棄相信的奔赴。

「說真的，這個傷疤其實幫了我不少忙，連我對特效化妝的興趣也是因它而起，畢竟血肉模糊、傷口腐爛、皮開肉綻等這種別人避之唯恐不及的東西，對我來說老早是生活的一部分。還有特效道具製作也是，從小因為我的膚色跟養母不同，去哪裡都會看到大家竊竊私語的表情，我就會偷偷幻想，這些路人都長了不同的臉，來自另一個世界，所以換頭、換身體這種想像，在我腦子裡也都是很平常的畫面。」她血淋淋的分享瞬間把我的思緒從回憶中拉回現實。

工作室裡的煙燻香逐漸轉變成富有涼爽泥土味的綠色氣息，溫潤地覆蓋在沉穩的基調上，像野火後的新生。

在準新娘抵達工作室後，我們開始討論妝容設計的構想。她們決定要以「蝴蝶」為主題，梳化出蛻變的歷程。討論的過程中我幾乎都在傾聽，聽新娘談她的傷，聽米芮談有故事的妝。

「在我的臉受傷之前，我就跟很多女孩一樣，時常對自己的身材長相感到不自信，總覺得自己太胖、長得不好看，從小也沒什麼人誇過我漂亮。但受傷後，我反而不得不重新去思考美的定義，好好去認識自己，瞭解自己的氣質、五官、笑容有哪裡特別，反而慢慢開始找回了自信。所以在婚禮上，我想透過兩次入場的造型，把疤痕化妝成蝴蝶蛻變的樣子，表達過去以為的絕境，其實是美麗的開始。我很感謝這段改變的過程，雖然它真的很不容易。」新娘感性地侃侃而談。

「好，我會在兩個妝容中添加一些有連貫性的相同點綴，代表蛻變過程中所需要的堅持和信念，畢竟感謝不變的，才有改變的。」米芮理解地回應。

「是的，我想說的就是我並不是因為經歷了什麼大風大浪而看透人生，只不過是更深地認識了我自己。」新娘說。

我特別喜歡她們在討論過程中的這段對話。旁人很容易將美麗的人生歸功於幸運，卻忽略了所有的幸運，都承載著過去的歷練和未來的責任。這份美麗源自於感恩與堅持，只是我們往往看不見，感恩的心裡默默裹著經歷過的絕境，而堅持的信念背後，其實容納了千瘡百孔的脆弱。有悲歡離合中的掙扎，才有風光亮麗的蛻變。

新娘離開後，我在工作室裡逗留了一陣子，和米芮一起整理此次專案的相關資料和流程。我在拍攝她手繪的妝容設計圖時，察覺第二個妝容似乎顯得比第一個更淡雅。我忍不住好奇地問：「一般新娘妝都是第一個妝容比較淡，第二個再加濃一些，為什麼妳的設計這麼特別，反而是第二個看起來更簡約？」

她露出慧黠的眼神，微笑地說：「確實這麼做在技術上更有難度，但是妳不覺得嗎？蛻變這件事，最難的地方不是在於添加些什麼，而是如何減少、消除那些長年累積在我們身上各樣不健康的保護層。所以我覺得由濃變淡的設計，應該更符合這個主題的現實面。」

我會心一笑，同意地點了點頭。小時候，我們總以為長大的唯一公式是「增添」，就像累計身高體重、學習人情世故一樣，增長便是一種加冕。長大後才發現，原來真正要花一輩子去完成的功課是「復原」，是耗盡心力撕去那些曾毫不費力沾黏在我們身上的標籤，卸下他人用期待為我們收納的沉重行李，揭開一道道纏繞記憶、封鎖心門的鎖，撫摸一層層創傷留下的荊棘疤痕，只為了找到一顆赤裸裸的心，恢復它最原始、輕盈、自由的模樣。

走出工作室時，外頭下著毛毛雨。大自然濕潤的清香氣息四面環繞，與屋內的薰香氣味竟不謀而合。或者是外面的世界巧妙回應著裡面的故事，又或者，是當裡面的世界被美好薰陶，外面的世界也變得不再一樣。

我想起米芮的傷疤，和她筆刷下的蛻變，我知道她並沒有忘了疼，只是不再喊痛。原諒過去的人其實從未遺忘，只是更懂得珍惜未來。

或許每個人的心裡，都藏著看不見的傷疤，而那看不見的，有時比看得見的更令人感到赤裸。它藏匿在皮囊下的幽暗處，等待著一次復原、蛻變的機會，期待著有一份良善的愛，能繞過疤痕凹凸不平的腫脹與缺角，悄悄滲入心靈的隙縫，讓過去成為過去，讓自己走向未來。

我在細雨中深呼吸，踏實地走在被淋濕的道路上。多麼感恩那天下午，有個名叫未來的女孩，告訴我脆弱有多勇敢，提醒我未來有多良善。

finding you

我不知道是什麼樣的無助，
能在撕裂後使你破繭而出，
但有時蛻變重生的機會，
是為了讓你學會為自己展翅高飛。
無畏風雨的眷顧，
往往來自你走過的路。
隨著時光剝落的辜負，
會成為羽化後斑斕的紋路。

單翼

他是校隊裡唯一的亞洲人，也是身材最嬌小的球員，
因此時常受到隊友的排擠和孤立。
他們會在球場上用粗暴的肢體動作攻擊他，
私底下更是以尖銳的言語和不堪入耳的綽號嘲諷他。
在充滿風雲人物的曲棍球校隊中，
單翼的存在就像是樹林裡質樸無華的蘆葦，
看似如羽毛般輕盈卑微，實為風雨中挺立不屈的戰士。

「在這偌大的世界裡，總有值得我守護的角落，哪怕我只能用最笨拙的方式讓他們明白，沒有人是被上帝遺忘的。」這是他臨行前所說的話，在我們重逢又告別的那年秋季。

ONE

使我們成長的
不是
破碎的遭遇
而是在過程中
一次次
勇敢的選擇

單翼是我十一歲那年剛搬到加拿大時認識的朋友。他的父母來自南韓，但出生於加拿大的他除了擁有一張亞洲人的臉孔外，言行舉止幾乎絲毫沒有受到東方文化的薰陶。他從小就接受曲棍球的專業訓練，立定志向要當一名職業球員，因此他的生活並不像同齡孩子那般輕鬆單純，每天課後的時間幾乎都在訓練。

記憶中的他很安靜，總是單獨行動，唯有在曲棍球場上，能看見他活躍熱情的一面。然而，由於他是校隊裡唯一的亞洲人，也是身材最嬌小的球員，因此時常受到隊友的排擠和孤立。他們會在球場上用粗暴的肢體動作攻擊他，私底下更是以尖銳的言語和不堪入耳的綽號嘲諷他。在充滿風雲人物的曲棍球校隊中，單翼的存在就像是樹林裡質樸無華的蘆葦，看似如羽毛般輕盈卑微，實為風雨中挺立不屈的戰士。

我和單翼平時在學校的交集不多，但因為是鄰居，遇見時總會聊上幾句，關心一下彼此的近況。記得他曾跟我說，他並不在意自己身為運動員在先天體能條件上的劣勢，因為他願意比別人付出更多的努力，但是有關於自我身分的認知，卻令他感到很迷茫。他從來沒有在這片土地上將自己視為一個外國人，只因為他的體型和外表與大眾所認可的曲棍球員形象不符，便莫名其妙地被貼上了失敗者標籤，好像他天生便不配喜歡這項高尚的運動。更令人心寒的是，連球隊中與他一起長大的昔日好友，都在步入青春期後，刻意將他排除在社交圈以外。他不明白為什麼人總想要快點長大，卻不曾想想，我們究竟有沒有變成更好的大人？

單翼高二那年突然被校隊開除，不久後他們家便搬離了我們社區。他的父母曾情緒激動地到學校投訴，揭開校隊淘汰單翼的理由與實力無關，而是因為有一位長期壓迫他的球員，利用特殊關係脅迫他離開。單翼的母親哭著描述孩子長時間在精神和身體凌虐下所承受的痛苦，他一個人默默忍受了多年的欺壓，不過是為了堅持他所熱愛的運動，如今他們卻如此輕易地撕裂了他的夢想。

「校園霸凌遠比我們想像中更嚴重，對於霸凌者和被霸凌者雙方家庭來說，都可能造成一輩子無法彌補的傷害，而視而不見的人，便是最大的幫兇。」單翼的父母在離開前悲慟地說。

在那之後，我和單翼便斷了音訊，只聽說他們全家遷居到加拿大東部，希望能開創新的生活。每年到了曲棍球賽季，我總會想起單翼，想起他滿是傷痕卻依然明亮的臉龐，默默祈禱他內心的傷痕，也能在翩翩時光的引領下，被美好的際遇治癒。

或許是帶著善意的掛念，真的有牽引際遇的力量，在單翼離開的若干年後，我們竟在熟悉的溫哥華街口久別重逢。我們幾乎在同一時間，很有默契地認出彼此，誰也不想浪費這場偶遇，不想讓這份失而復得的友誼，變成擦肩而過的回憶。我們交換了聯絡方式，相約隔天下午在附近的咖啡店小敍。

單翼的模樣與我記憶中相差不多，但整個人的神情和氣質，卻與以往大不相同。他的笑容變得更開朗，眉宇之間流露出一股前所未有的自信，甚至連說話的聲音，都比過去清脆響亮。他的眼神仍然帶著小時候那種堅毅不服輸的氣息，卻多了一份親切柔軟的溫度。

「我後來一直住在東岸，這次回來是為了幫一個朋友慶生，還有去一場青少年特會講道。」他愉悅地說，察覺我略帶疑惑的表情，笑著補充：「我現在是一名牧師，所以時常需要到各地講道，意外嗎？」

「很驚喜，但不意外。最大的力量往往不是來自你所擁有的，而是來自你所相信的。」我真摯地說。

「我很感恩，還能找到值得相信的東西。我曾經以為自己可能沒有辦法再去相信任何人事物，更不會再有什麼夢想。那幾年在球隊所發生的事，在當時是真把我撂倒了，若是只靠自己的意志力，應該很難走出來。」他的臉上流露出感慨，和一絲淺得幾乎看不清的傷痛，不卑不亢地說：「我花了很長的一段時間，重新在信仰裡認識自己，才發現真正能打敗我們的，從來不是生命裡的挑戰，而是錯誤的身分認知，和輕易向謊言妥協的心。真理會告訴你你是誰，但謊言只會透過他人的口，不斷告訴你，你不是誰。」

「使我們成長的不是破碎的遭遇，而是在過程中一次次勇敢的選擇，所以你也要肯定自己的勇敢。」我微笑地說，望著眼前的他，想起當年那個隱忍的少年，忍不住有感而發：「我們都知道，不要為了不在乎你的觀眾，拚命表演不屬

使我們成長的
不是
破碎的遭遇
而是在過程中
一次次
勇敢的選擇

於你的人生，但清理觀眾席還不是最難的，最難的是該如何面對自己、相信自己的價值、找到自己的身分。」思想信念總在不知不覺中主導著我們的一生。有時候選擇相信對的，比放下錯的更不容易。

「這就是為什麼我選擇了現在的路。我不想看見更多孩子和當年的我一樣，在自我認知還來不及成熟的時候，就被迫接受別人賦予自己的錯誤價值。我希望當他們問自己『是不是我哪裡不夠好？為什麼大家都不喜歡我？』的時候，可以有一個聲音對他們說『你很好，你值得被喜歡，而且沒有任何人應該這樣被對待。』」

他說這番話的時候，眼光投射得很遠，我幾乎分不清他是在回顧過去，還是在眺望未來，又或者，他正帶著過去的黯淡，照亮著未來的期盼。我彷彿能看見他在幽暗的低谷裡，鋪出一條灑滿陽光的金黃色道路，用自己的生命加冕，擁護迷失的心抵達良善的歸屬。

總有人在等待你的故事，帶領他走出孤獨的游牧森林，用你走過的腳步，陪伴他找到回家的路。那段不為人知的過去，曾撕裂了單翼的夢想，卻也拼湊出他內心比夢想更可貴的嚮往，讓他明白最華麗的冒險原來不是精彩的奔赴，而是真實的恢復。

數個月後，我偶然在另一位同學的部落格上，看見他的照片。那是一張觸動人心的合影。單翼的身邊站著當年帶頭排擠他、利用關係迫使他離開球隊的那名曲棍球員，而他們身後的背景，竟是一座監獄的出口。

照片的文字標題裡，敍述著這名球員在三年前入獄，近期剛被釋放。入獄期間單翼時常去探望他，陪伴他走過生命的低潮，並在他出獄的這天，召集了幾位老隊友，一起去接他回家，慶祝他的重生。照片發表的時間，正是我們數月前巧遇重逢的季節。

我想起那天他微笑著對我說，這次回來是為了幫一個朋友慶生，在意識到「慶生」與「重生」的關聯時，瞬間被內心襲捲而來的暖流沖濕了眼眶。單翼的心靈，遠比我想像中更慷慨澄澈。

他並沒有選擇自顧自地離開過去，而是勇敢地回頭眷顧過去，將破碎的回憶攤開，讓光照進曾經黑暗的角落，伸手把還在裡面逗留的囚徒，從深淵中拉出來。

弱者與強者之間最大的區別，在於「奪權」與「賦權」之間的選擇。看似強大的人選擇欺壓弱小，或許是因為不相信自己的軟弱可以被這個世界接納，所以需藉由剝奪別人的權利，來增添自己的安全感；而被視為脆弱的寬容者，實則是藉由放下使個人感到舒適的安全感，去賦予自己及他人健康的價值和權利。奪權是弱者的表現，唯有內心強大的人，才有能力賦權。

「原來救贖的記號，不是劫後餘生的傷痕，而是用原諒編織出的冠冕。」我傳了這樣的訊息給單翼，並告訴他，那場慶生會不只為「重生」戴上了冠冕，也將披著榮耀的光芒，照進包括我在內，許許多多人的心裡。

有人用信仰評判生命，有人卻懂得用生命活出真實的信仰。許多人不知道他的羽翼曾險被折斷，但他選擇忍著痛，讓不悔的良善滲入傷痕累累的裂縫中，直到長出堅毅的翼羽，蔽護了他人，也治癒了自己，帶領孤單的心靈，飛向更靠近陽光的地方。

願我們披星戴月的奔赴，均始於最虔誠的信仰。

finding you

願你流過的淚都匯入生命的海洋，
被溫柔的泉源悄悄悅納，
滋養乾涸的靈魂，
使良善的心更深邃明亮。
你終會沿著這顆心，
找到反敗為勝的方向。

畫心I——雙飛

「我一直都知道，我陪他們走的路，
很可能是他們人生的最後一哩路，所以我很珍惜，
但也因為這樣，在離別時會更捨不得。」
她常說自己何其有幸，能與他們在有生之年成為朋友，
又何其遺憾，在相識的起點便與歲月的終點面對面。

唐人街的清晨飄著細雨。一排老舊凌亂的矮屋簷，被雨水所留下的水珠滴滴串起。簷角斑駁陸離的色彩，在晶瑩剔透的視角下竟變得和諧，描繪出相互串連的故事。

佇立在街口的這棟紅褐色建築物，是老社區裡唯一的高樓，也是屬於這座西

ONE

真實的愛
能儲存在
記憶
以外的感官裡
蘊育出
永恆的效應

岸城市的第一所華人安養院。它曾見證北美第二大華埠從繁盛到凋敝的歷史，陪伴無數離鄉背井的華裔長者經歷生老病死的生命旅程，流逝的歲月在深邃的記憶中匯集成一股寧靜的力量，靜默守護著當地多元文化的傳承。

歆愛推開安養院的大門，迅速走進直達八樓的電梯。當電梯門關閉時，她習慣性地深呼吸，期許自己要在十五秒內安頓好心情，在拿出專業笑容之前收起奔湧的情緒，努力不去想起今早公司寄來的電子郵件裡，又有哪些熟悉的名字，出現在死亡通知名單上。

我曾問過她，在安養院裡擔任藝術治療師最大的挑戰是什麼？

她不假思索地回答：「隨時要準備好面對生離死別。」

歆愛平日的工作，是透過藝術治療幫助長者們釋放內心的情緒、梳理心中那些說不出口的話，但矛盾的是，當這些長輩離世時，她卻必須壓抑自己的情緒，將無法即時說出口的再見深藏在心底。她明白保持冷靜是最基本的專業態度，但當你和一個人的心靈走得那麼近，離別所帶來的撕裂性疼痛也是那麼真切。在她的世界裡，相聚時的笑容總是即時的，離別時的悲傷卻是延遲的。她時常需要在工作以外，花上好長的一段時間獨自消化情緒，給自己空間去收拾被迫延緩的哀傷。她曾無數次與長輩們一同慶祝在畫筆下重獲新生的里程碑，卻無權在他們離世時，放縱己心地追懷悼念。

「我一直都知道，我陪他們走的路，很可能是他們人生的最後一哩路，所以我很珍惜，但也因為這樣，在離別時會更捨不得。」她常說自己何其有幸，能與他們在有生之年成為朋友，又何其遺憾，在相識的起點便與歲月的終點面對面。

電梯抵達位於八樓的辦公室，歆愛熟練地將美術用品整理好，一一歸類放置在推車上。五顏六色的蠟筆長短不一地排列出童年的痕跡；俐落的麥克筆驕傲地站立，像擦不掉的無悔青春；圓形的粉餅水彩邊緣乾燥的色澤較淺、中間較深，再細緻也藏不住筆觸反覆消耗的凹陷；可朔性極高的黏土需躲在保鮮罐裡才能維持柔軟的本質；而那一疊疊空白的畫紙，讓這一切帶著使用痕跡的色彩，都有了重新開始、再創美好的可能。它們是描繪藝術的工具，亦是描述人生的隱喻。

她將美術車停靠在一旁，小心翼翼地拿起今日的個案資料細細閱讀，在醫護同僚所留下的字跡中，用心瞭解每位長者本週的身心靈狀況。近期安養院陸續有長者和醫護人員染疫，新冠肺炎的攻擊使得人心惶惶，也讓養護高危族群的醫護工作終日籠罩在高壓的氣氛之下。然而，面對充滿挑戰的環境，歆愛的內心卻感到十分榮幸，她說，能夠在全國封鎖的抗疫時刻，盡一份心力陪伴長輩們度過無法接受探訪、看不見家人的日子，是她每天勇敢的動力。她按照例行步驟，穿戴起一層層防護裝備，微笑推著美術車前往九樓，準備探訪今天的第一個個案。

九樓的這位老奶奶患有失智症，狀況時好時壞，多年來和她的先生一起居住在安養院。老爺爺是癌症患者，同時也是老奶奶的照顧者，儘管大部分的時候，她並不認得他。令人動容的是，老奶奶幾乎遺忘了所有的事，卻難以忘卻愛與被愛的意識，她時常甜蜜地把「老公」這個稱呼掛在嘴邊，逢人就問：「我老公在哪裡？」她已不認得他，卻總記得他的好。

兩週前，老爺爺動了一場手術，手術的結果不如預期，帶來了令所有人措手不及的噩耗。那日，他們的女兒在病房外無助地哭泣，病房裡，躺在床上的老爺爺已無法言語，只能牢牢地握著老奶奶的手，任由眼角的淚水止不住地滑落。

手術前他曾說，他不怕那百分之二十的風險，哪怕是苟延殘喘，他也想陪她久一點，每天說故事給她聽，把屬於他們的記憶重新拼湊起來。他害怕他若不好起來，便沒人能幫她記得，那些她最不願遺忘的過去。

老奶奶平靜地呆坐在病床前，疑惑地凝視著瀕死的丈夫。醫護人員鼓勵地問她：「妳要不要跟他說說話？」

老奶奶依舊安靜地望著老爺爺，過了一會兒，才像個孩子般怯怯地說了一句：「爸爸，你要喝水嗎？」

她的話讓病房裡所有的人都落淚了。唯獨她自己，始終帶著似懂非懂的微笑，送別了眼前這個疼愛了她半個世紀的男人。他走到了生命的盡頭仍放不下她，而她，卻始終未能認出他。

大家都認為，老奶奶當時並沒有意識到老爺爺已將離世，她將丈夫當作兒時便離開了她的父親。但在那日之後，她便再也沒有開口提過「老公」這個稱呼，也不再詢問他去了哪兒。沒有人知道，她的改變究竟是因為潛意識裡明白，她再也找不著他了，還是其實她比從前更清楚，他會一直在某個地方等著她，等待著在永恆裡的重逢。

老爺爺離開後，歆愛時常來探望老奶奶，希望能透過藝術治療，傾聽她心裡的話。每每走進這個房間，歆愛都會想起老爺爺離開那日的場景，和過去曾陪伴他們夫妻倆人一起做藝術治療的溫馨回憶。老爺爺喜歡在畫畫時播放背景音樂，每次重複播放的，都是老奶奶最喜歡的那首老歌，輕柔的旋律裡總是夾雜著她反覆提起又遺忘的問題，和他一句句不厭其煩的溫柔回應。

他走後，這裡變得很安靜，但房內瀰漫的不是灰暗的哀愁，更像是明亮的思念。昨日的幸福縱使帶來今日的傷感，卻也是帶領我們走向明日最溫柔的力量。

今天，老奶奶在繪畫的過程中顯得格外認真。歆愛見她顫抖地握著筆，在白紙上描繪出兩隻小鳥，便耐心地引導和詢問，她想透過這幅畫表達些什麼？

老奶奶天真地看著歆愛，像分享秘密般在她耳邊輕聲地說：「兩隻鳥，應該在一起。」

那一刻歆愛突然明白，愛能將人囚禁在回憶的漩渦中，亦能成為托著我們飛越風雨的盼望。從一心一意走到一生一世，那些在相守的歲月裡悄悄滲入生命的情感，比消逝的記憶更綿長。失智症剝奪了老奶奶對記憶的選擇權，卻奪不走她在愛裡的居留權。

真實的愛能儲存在記憶以外的感官裡，蘊育出永恆的效應，無論是過去、現在、未來，在時間軸上的任何一個定點，都能結出幸福的果實。寬仁與慈愛的美德、滿足的安樂、慷慨的良善、單純的信念、不離不棄的溫柔、彼此成全的節制，這些都是屬於幸福果實不同的面貌，它們會在我們的核心信念和價值觀中持續生長，使環環相扣的生命獲得豐富的滋潤。老奶奶或許沒有滿滿的回憶供她回味人生，卻有滿滿的愛夠她溫暖餘生。

歆愛將畫具收好，微笑和老奶奶道別。在轉身的瞬間，她聽見身後傳來老奶奶的呢喃，斷斷續續地哼唱著一段熟悉的旋律，是那首老爺爺曾為她反覆播放過無數次的情歌。

歆愛小心翼翼地將房門闔上，分不清此刻自己究竟是想把屋內的空間留給「思念」還是「同在」。她彷彿可以在老奶奶哼唱的旋律中，再次聽見老爺爺爽朗的笑聲，和那段他們倆人重複過千萬遍的對話：

「我的老公呢？」她提起又遺忘。

「妳的老公在這裡。」他不厭其煩地回應著，用肯定的眼神望著她，指了指自己的心，像教導孩子般溫柔地補充：「就在妳心裡。」

老爺爺最終仍未能為老奶奶拼湊出光陰的故事，但他所不知道的是，其實他就是她的故事，他是她淺唱低吟的詩篇，和未完待續的青春。

安養院九樓的橡木色走廊，被窗外湧入的陽光曬出年輪般的光影，璀璨的紋路刻劃出一圈圈記載著光陰的同心圓。歆愛帶著暖烘烘的心情，走向下一個等待著她的故事。

finding you

欣賞你的人，
總能看見你最好的樣子；
愛你的人，
卻能認出你心裡的孩子。
當你變得和他所期待的不同時，
他還是會愛你真實的樣子。

以溫柔擁戴
你的
獨一無二

畫心II——光芒

我好像有些明白了，
我們內心的表情也是肉眼看不見的，
有些人內心的話可能一輩子都在等待著被傾聽。
現在回想起來，這種不切實際的感官，
也許正是上帝給我的禮物，
以前大家口中的我的天賦，現在覺得其實是種託付。

「我從小就很愛畫畫，但還真的沒想過自己長大後可以成為一名藝術治療師。」一歆愛順手將書桌前的小椅子推給我，自己隨性地挨著床沿坐下，繼續我們方才在隔壁畫室做藝術治療時聊起的話題。

她的床前掛了一幅大型抽象夜光畫，是幾年前在她的生日派對上，我們幾個朋友和她一起完成的畫作。記得那天我們關上了燈，在一片漆黑中像孩子般盡情沾灑著手中絢麗的壓克力顏料，之所以那麼「抽象」，是因為當天除了她以外，其他在場的人都沒什麼繪畫天分，揮灑出的色彩不過是當時的狂歡和對她的喜歡，但歆愛說，對她而言，這就是藝術的定義。

「我好開心妳成為現在的妳。剛才是我第一次體驗藝術治療，還好治療師是妳，我才能這麼放鬆。」我由衷地說。藝術真的很奇妙，原本我以為和她之間多年的友情，已經讓我們足夠瞭解彼此這些年來所經歷的故事，但沒想到在藝術治療的過程中，竟能挖掘出更多故事背後的心事，和連自己都未曾察覺的傷痕與冠冕。

我們剛認識的那年，她才十五歲。當時她的理想是成為一名服裝設計師，在選擇大學時，也順遂地沿著這個理想進入了設計學院。她在藝術方面的才華眾所皆知，但更吸引我的，是她純淨生動的靈魂。很多人說，她小小的腦袋裡，彷彿裝了一個充滿創意的奇幻宇宙，能調配出別人看不見的活潑色彩，但唯有與她親近的人才知道，其實她的世界很簡單，一切的豐富，均來自一顆善於收集感受、給予溫柔的心。這顆心的志向最終超越了理想的火花，帶領她一步步走進真正能滿足她內在價值的道路——用藝術為沉默的心表白，治癒言語難以敍述的創傷。

「小時候我常活在自己的世界裡，看到路上的房子、花草、車子，都覺得它們臉上好像掛著別人看不見的表情，所以連我的家人都有點擔心，覺得這個小孩怎麼這麼不切實際？」她露出開朗的笑容，眼裡滿是純真。「不過開始在安養院工作後，我好像有些明白了，我們內心的表情也是肉眼看不見的，有些人內心的話可能一輩子都在等待著被傾聽。現在回想起來，這種不切實際的感官，也許正是上帝給我的禮物，以前大家口中的我的天賦，現在覺得其實是種託付。」

「都還沒機會問妳，為什麼決定去安養院工作？我之前一直以為妳會選擇跟兒童或教育相關的機構。」我問。想起她在當實習治療師的時期，曾多次被兒童個案觸動，甚至去了非洲好一陣子，為偏鄉兒童做藝術治療，也因此接觸到在飢荒、家庭暴力、種族滅絕等沉重議題下，最真實的心靈創傷。非洲之旅帶給她很難忘的心靈衝擊，那段期間幾乎每次和家人長途通話時，她都哭著說希望這趟旅行不要結束，她想留下來陪伴那群需要被關愛的孩子。

「其實連我自己也這麼以為。我在不同的單位實習時，最有負擔和使命感的對象就是兒童，反而令我感到最辛苦、最吃力的族群就是老年人。所以當安養院與我聯繫的時候，我也猶豫了很久。但後來想想，安養院是這個專業領域中第一扇正式為我打開的門，或許有特別的美意；再加上剛好我的祖父母都在這幾年相繼過世了，我很能體會晚年的陪伴有多寶貴。」她坦率地分享。

每一扇為我們開啟的門，都通往一片岸，這片岸若不是終點，便是一個新的起點。有些人習慣在門外觀看，等待著終點的到來，有些人卻選擇順著路走，沿著敞開的門一路探索、闖關。美好的志向會在對的時間點吸引合適的對象，帶領我們邊學習、邊前進，一步步走出自己的路。我們總以為在門後等待的是一份歸屬，但往往被開啟的，其實是一個季節；機會所賦予我們真正的禮物並非一個地方，而是一段時光。

「妳剛開始在安養院工作時會不會很難適應？」我問。

「比我想像中更難！」她不假思索地說。「在唐人街的安養院裡，絕大部分的長輩都只會說廣東話，所以一開始我跟他們之間，連基本的溝通都是問題，再加上藝術治療對長輩們來說，本身就是一個比較陌生的概念。在那裡上班一個多月後，甚至連我自己都開始有些懷疑，我的專業真的是被需要的嗎？到底我在工作上的存在價值是什麼？」

「也許是因為藝術治療真的是一種很溫柔的存在吧？這個世界上所有的溫柔，都是需要時間去慢慢體驗的，過程也是價值的一部分。」我微笑地說，接著感興趣地問：「那後來是什麼幫助妳度過難關？是習慣？改變？還是妳所接觸的人？」

「我也不太清楚，好像就這麼糊里糊塗地走過來了。不過現在回想起來，我一路上真的得到很多幫助，特別是在最無助的時候，遇到了一個很特別的個案，給了我很大的肯定。我覺得她應該是我職業生涯中的轉捩點，也是我最感恩的人。」歆愛感性地說。

「怎麼說？她是什麼樣的人？」我好奇地問，下意識地將身子微微往後仰，讓背舒適地靠在椅子上，把自己放置在最自然的傾聽姿態，等待她將這段故事娓娓道來。

歆愛口中這位特別的「她」，是一位長年居住在安養院裡的百歲老奶奶。她們的相識宛如一場奇蹟，並非透過安養院安排好的一般療程，而是在一個本該擦肩而過的瞬間，因為一份友好的關心停下了匆匆的腳步，緩慢了一寸時光，也走進了一段餘生。

她們初次見面的那天，歆愛在午休時間路過六樓走廊，看見一位年邁的老奶奶坐在輪椅上激動地揮舞著雙手，身旁圍繞了一群正在努力安撫她的護理人員。歆愛無意間聽見老奶奶口裡嚷嚷的語言，好像是自己的母語，便上前詢問護理師是否需要她協助翻譯和溝通。護理師告訴歆愛，老奶奶因為長期行為和情緒失控，很難與他人相處，甚至可能不自覺地攻擊接近她的人。她每天吶喊著要「回家」，但她已單身居住在安養院多年，誰也不知道她想回的究竟是哪個家。

歆愛在瞭解狀況後，拿了隨身攜帶的畫具，輕輕走到老奶奶身旁，俯身在她耳邊用家鄉話打了聲招呼，溫柔地問：「妳家在哪裡？」

老奶奶突然安靜了下來，仔細打量著眼前這位說著熟悉話語的陌生女孩。

在簡單的自我介紹後，歆愛微笑地蹲下，凝視著老奶奶深陷的雙眼，將手中的畫具和白紙攤開在她的面前，繼續問：「那妳可以把家畫出來嗎？」

老奶奶低頭望著膝前的畫具猶豫了片刻，伸出手在眾多色筆中，挑選出一隻最不起眼的鉛筆，用鈍斜的石墨，在白紙上描繪出幾筆潦草的線條。她並沒有就此停筆，清淡的線條在筆尖與筆腹的交替律動下，逐漸堆積成有深有淺的結構。

那天下午，她就這樣坐在輪椅上專注地畫了兩個多小時。安養院裡許多護理人員和長輩們都驚奇地前來觀看。令眾人震撼的，不只是她穩定下來的情緒，還有她畫筆下超乎想像的專業畫作。她雖已年歲過百，但筆觸竟如流水般剛柔兼具，用微微顫抖的手，一筆一畫勾勒出栩栩如生的風采。

歆愛訝異地發現，老奶奶所畫出來的「家」，竟不是房屋街道或骨肉至親，而是一張張簡約的時裝設計圖。她手中的筆已不再鋒利，但在深淺融合的筆感下揮灑出的時尚情懷，卻更能體現出時代故事背後的光和影。

與歆愛奇妙地相識後，老奶奶便開始穩定地接受藝術治療，也慢慢透過繪畫找到抒發情緒和思緒的出口。幾個月下來，她的心性變得比過去溫和，也不再有攻擊性的行為和言語。她的改變使安養院的其他長輩們，也紛紛開始肯定藝術治療的美好，更讓歆愛真正體會到身為一位藝術治療師存在的意義和價值。

在朝夕相處的陪伴中，歆愛得知老奶奶年輕時是一位十分優秀的服裝設計師，曾帶著炙熱的夢想和獨特的創意環遊世界，在許多不同的國家就業定居。在她心中，家不是一個所在，而是一份存在。她心心念念想回的「家」，其實並非是某個地方，而是過去的自己，那個她所喜歡的自由自在的自己。

服裝設計師的身分，是老奶奶記憶中最深刻的自我認知，亦是內心最纖細的情感連結，因為這個身分裡承載著她甘願傾倒青春的夢想，和一步步用生命旅程刻劃出的故事。重拾畫筆能幫助她連結於心中最美好的身分，一點一滴找回遺失在孤寂歲月中的自我。

歆愛將老奶奶每次在治療過程中手繪的作品，製作成一幅幅掛畫，把她原本空蕩蕩的房間，佈置成宛如時尚藝廊般的全新樣貌。

當我好奇地問歆愛，怎麼會想到用畫作來改造老奶奶的生活空間？她真摯地說：「我只是希望這些畫能時常提醒奶奶，其實她到現在仍然是一位服裝設計師，這個身分不是來自於工作，而是來自對於一件事真實的喜歡。她努力了一生的夢想，已經成為她的一部分，她沒有失去自己，只是需要時常溫習。我知道她覺得自己年紀這麼大了，已經不再有能力做任何事，但我相信我們還是可以透過內心真正喜歡的事物，把那些一直保存在心裡的色彩找回來。」

歆愛話語中所傳遞的單純信念，帶給我很深刻的感動。我明白她的付出，是為了幫助老奶奶不只能記得自己是誰，更能獲得活出自己的勇氣和方式，無論到了幾歲，都不失去自己喜歡的樣子。

「謝謝妳，妳就像我的光。」老奶奶好幾次心滿意足地望著貼滿插畫和設計圖的明亮房間，這樣對歆愛說。

「妳也是我的光。」歆愛總是如此回應，那是她發自內心的感受。老奶奶不僅讓歆愛看見自己的影響力和藝術治療的價值，更用一生忠於自我的追求，帶給她人生的啟示，讓她明白，原來用百年歲月描繪出的一個「我」，便是心靈的故鄉。

耀眼的成績或許會隨著時間被淡忘，但一步一腳印走過的足跡，卻會烙印在生命裡成為足以傳承的產業，那才是真正使我們閃閃發亮的不滅光芒。「過程」與「結果」之間，存在著相互牽引的效應與奧秘。年輕時，「結果」就像是一場屬於夢想的終極派對，而所有的「過程」都只是為了獲得這場派對的入場券，回頭看才發現，原來「過程」本身便是一季慶典，而「結果」，不過是體驗過程的邀請函。值得我們驕傲的不是留不住的豐功偉業，而是留得下的故事和屬於生命的產業。

我是誰？這個我們一輩子都在找尋的答案，並非躲在某個稍縱即逝的高光時刻，而是散落在凹凸不平的人生道路上，隱藏在愛與被愛的身分與關係裡，等待著我們在體驗人生的過程中將其慢慢拼湊。這個答案有可能被否定、被忽略、被遺忘，但卻永遠不會消失，我們總能在愛裡把它找回來。

數個月後，老奶奶安詳離世。在她離開後，歆愛親手將貼掛在她房間裡的作品一張張取下，在把紙張收進檔案夾的同時，含淚把一幕幕回憶收進心底。她把裝滿作品的紀念交給了老奶奶的親人，把裝滿故事的記憶悄悄留給了自己。六樓的房間恢復一片空白的寂靜，但那曾經在此綻放的絢爛色彩，會鮮明地存活在歆愛的生命裡，成為她勇敢築夢的力量。

「我想奶奶一定不知道，她的出現帶給我多大的肯定和啟發，其實她才是我的光。」歆愛真摯地說，語氣裡帶著稍許遺憾和深遠的思念。

「我覺得妳們的關係好動人，某種程度上很像這幅夜光畫。」我指著她身後的掛畫，突發奇想地說。「有光芒的色彩，要關上燈才看得見。」她們是彼此在最黯淡的人生低谷中遇見的希望，雖然短暫的交集留下離別的遺憾，卻也成為治癒彼此內心缺口的圓滿。

最明亮的光，不是前方引路的燈光，亦不是盈滿一室的燭光，而是溫柔珍惜的眼光；是在自我懷疑時，有人能看得見你的好，在感覺自己被這個世界遺忘時，有人在乎你是誰；那是如一輪明鏡般照耀真我的榮光。

離開歆愛家的傍晚，我的指尖仍殘留著尚未洗淨的色彩，反射出一片片暈染在心底的印記。明早，歆愛仍會帶著她的調色盤，繼續在安養院裡彩繪出光陰的畫作，而我將會帶著她的故事，回歸忙碌的日常。我們都不敢說歲月是否靜好，只知道使我們恬然自安的，是互相溫暖的力量和愛與被愛的洗禮，讓我們有力量相信，託付於我們手中的工，會成為照亮某個缺口的溫柔光芒。

finding you

你要守護好心裡的光，
因為你永遠不知道，
有天誰會藉著它走出黑暗。

花路

她們的婚鞋是進駐我們網路百貨的所有項目中，
被銷售到最多個不同國家的產品之一，
優雅的設計吸引了來自不同文化背景的美學眼光。
這是她們的事業，更是她們努力的日夜，
就像是每一個女人用雙腳踏出來的路，是屬於自己最浪漫的旅程。

琳娜和小維的辦公室裡瀰漫著鮮花的香氣，春天卻不屬於這裡。

一場疫情打亂了穩定發展的新創計劃，使她們不得不駛離原本熟悉的軌道，捲起袖子重新開拓新的道路。與她們合作這五年多來，我從未見過她們露出如此焦慮的愁容，向來沉穩的琳娜拿著紅筆，一圈圈重複地畫著手中的生產線報告，天性開朗的小維此刻顯得格外安靜，將一份銷售資料遞給我後，嘆息著說：「所有人都知道世界正面臨著前所未有的危機，但並非人人都明白，中小企業在這場危機中所面對的毀滅性打擊和壓力。」

「或許能夠明白也是一種幸運，至少我們有機會能成為解決問題的人，而不只是感覺問題的人，哪怕只能成為大問題中的一個小答案。」我邊說邊翻閱著眼前不太樂觀的銷售紀錄。

「是啊，為人們的需要帶來小小的解答，是大多數新創公司的初心。但是妳懂的，支撐起一個企業真的不容易。」琳娜將視線從手中凌亂的紙張中抽移，抬起頭凝重地說。

「起初的夢想既然是因為人們的需要而存在，就能因為看見新的需要而茁壯。」我微笑著說。「至少都不容易的我們，還可以互相理解、彼此扶持。」

琳娜和小維的公司，其實是疫情後我們遇到損失不算最失控的案例。歐美婚

ONE

順境中的陽光
使我們
明亮
逆境裡的風霜
使我們
茁壯

禮產業深受疫情的影響，二〇二〇年幾乎百分之八十以上的婚禮都面臨無限延期或取消的困境。眼睜睜看著許多合作多年的商業夥伴一一在大環境的壓迫下停止營業，我的內心也飽受煎熬，時刻提醒自己不要忘記管理人的核心職責不只是為團隊帶來有效的策略，更重要的是帶來好的影響力，讓在挑戰中不懈努力的人，能獲得希望、戰力和尊嚴，在困境中即便無前例可循，也能相信前方仍然有路可走。

那天下午我們一起重整了她們公司的年度行銷計劃和數位轉型藍圖，在急速縮減的生產量和廣告預算下，構想新的拓展模式，以培育數位人才的計劃，全力擁護員工的歸屬，在不可能中創造新的可能。

過程中，她們聊起當年創立公司的故事，回憶起兩個在新加坡讀中學的十六歲女孩，窩在宿舍裡天馬行空地討論著共同的時尚夢，說好即使未來各奔前程，有天也要再次相聚攜手築夢。後來，她們進了不同的大學，畢業後又分別去了不同的國家實習深造，最終重逢於美國休士頓，創辦了屬於她們的新創公司。她們在自由自在的年華裡，將這個世界好好看了一遍，再匯聚加成的經歷和青春，把各自的旅程結合成最美好的創作，呈現在有溫度的設計裡，回饋給世界。

「我們現在算是實現了十六歲的夢想了嗎？」小維揚起熟悉的微笑，望著身旁的琳娜。

「雖然好像沒有做到如當年所說的『要讓我們設計的女鞋踩遍國際時裝秀的舞台』，而是更換跑道進入了婚鞋這個充滿驚喜的領域，但至少我們的新娘都很時尚，而我們倆，也還膩在一起努力著。」琳娜歪著頭想了想，溫暖地回應。

「妳們的設計陪伴了世界各地無數的女孩走向更美好、更盛大的舞台。」我發自內心地說，她們的婚鞋是進駐我們網路百貨的所有項目中，被銷售到最多個不同國家的產品之一，優雅的設計吸引了來自不同文化背景的美學眼光。這是她們的事業，更是她們努力的日夜，就像是每一個女人用雙腳踏出來的路，是屬於自己最浪漫的旅程。從傷痕累累的過去奔向繁花盛果的未來，沿著懵懂稚嫩的青春一步步學習建造堅強溫暖的家庭，帶著不完美的自己，去尋找更完整的自己。

「以前我總覺得，創業家最大的挑戰不是創始而是堅持，如今聽妳這麼說，突然體會到這兩者之間就像一個相互牽引的循環，使我們堅持下去的力量，正是來自創始的感動。在成為設計師和品牌創辦人之前，我們的身分是女人，從女兒、姊妹、母親等角色中，去體會生活的缺口和真實的需要，然後因為想看見這份需求被滿足，而有了更有意義的夢想。」琳娜感性地說。

「好的創意永遠來自美好的心意。」我邊說邊關上電腦，拾起被隨手擱放在窗前的一雙金色蕾絲樣品鞋，熱情地喊出它的名字說：「嘿！這雙是復古系列中的泰莎吧？補貨時記得通知我們，很多人在等她。還有，很多人在等妳們。」

「我們要更努力，因為還有人在等我們。」道別前小維倚著門，喃喃自語般地回應著我的話，更像是在給自己一個久違了的肯定。

順境中的陽光使我們明亮，逆境裡的風霜卻使我們茁壯。在築夢的旅程中，我們要靈巧調適眼光的焦距，在澎湃的順境中不忘謙卑眺望遠方，在幾乎看不見希望的逆境中，則溫柔凝視一路相伴的初心。從初心到更新，也許就是我們在面對問題時，尋找解答的方向。無論如何都值得慶幸的是，推著我們走向未來的，不是變化萬千的環境，而是今非昔比的自己。

finding you

此刻的你，已在不知不覺中累積儲備了足以面對挑戰的品格，已被賦予解決問題的智慧，已擁有奔向美好的能力。當重新沸騰的夢想與堅持不懈的你結伴而行，荒野中自會開出繁盛瑰麗的花路。

曠野花期

我們都在現實和信念中拉扯，希望信念能成為現實，又害怕現實將信念吞噬。

站在一望無際的曠野，等待著遙遙無期的希望，不知道一事無成的感覺還要延續多久，也不知道自己所選擇的方向，究竟是對是錯。然而縱使在諾大的世界裡迷了路，內心仍有一個微小卻固執的信念，相信著會有那麼一個出口，能帶我們的心出走，奔向夜空中的光流，許願摘下不滅的勇氣，讓我們活得更像自己。

走過的路不需以里程碑計算，有深有淺，帶有些許殘缺的足跡，才是歲月最真實的不完美紀念。比豐功偉業更值得驕傲的是，踏在泥濘中的你還沒有放棄，你的初心，還在這裡。

我們都有孤獨的奔赴，卻仍需要彼此的擁護。在堅持不下去的時候，不要忘記還有人深信不疑，始終如一地相信著「你可以」。

你所相信的，最終會成為曠野的出口。

聚光者

她的隱忍和付出並不是一種消耗，而是建造，
在看似停滯不前、默默成全與陪伴他人的過程中，
一點一滴地建造著自己的海洋。
她的人生並非附屬品，她一直在走著自己的路，
只不過這條路沒有絕對的路線，
每一個選擇都通往一次改道的機會。

墨爾本的海岸公路，是蕭潔獨自旅行時必經的途徑。每年她都會安排一趟不需向任何人交代的自駕獨旅，花上一整天的時間，沿著車窗外移動的風景，奔向一處能賦予她寬闊視野的祕境。這不是什麼說走就走的旅行，也稱不上是一場洗滌心靈的儀式，卻是她唯一的任性、僅存的自由，和尚且還能為自己做的決定。

以溫柔擁戴
你的
獨一無二

無心逃離城市的喧囂，亦不妄想能在片刻的醒悟中改寫命運，她只不過是想更透徹地活著，而她知道，在這個真偽莫辨的世界裡，唯有適時地離開現實，才能更貼近真實，適當地放下生活，才能拾獲生命。

日光穿透早霧傾瀉而下，在白色的車身上灑落一道道珍珠般的漸層光澤。她伸手想將躺在副駕駛座上不斷震動的手機關閉，卻在瞥見來電顯示為「未知號碼」時，心底竄起一陣焦慮恐慌的情緒。

她下意識地挺直了發涼的脊骨，把過長的衣袖握進了手心裡，不讓自己顫抖。其實她早已習慣了這種終日被追逐的滋味，只是那一串串陌生數字背後的謾罵與哀愁，仍令她感到不寒而慄。有時她會悄悄地猜想，自己在這些來電者的通訊錄裡，會被冠上什麼樣的姓名？是與他相同的姓氏？他喊她的乳名？某人的妹妹？還是「加害者家屬」？

這些年來，她從不同的人口中，聽過上百遍有關於哥哥的故事，那些他離家之後所發生的事、傷害的人、說過的謊，和從別人身上偷走的真心。類似的事蹟每隔一段時間便會爆發一次，就像是深埋在生命土壤裡的不定時炸彈，引爆的人逃脫了，只留下漫天飛灑的火花，和遍地紛紛揚揚的心碎。

滿城風雨的故事瀰漫在蕭潔所涉足之地，有人想討回公道，有人想打探消息，有人憤怒地威脅她替兄還債，有人悲慟地請求她鑑定情感的真假，然而，卻從來沒有人在乎，被貼上罪人標籤的加害者家屬，其實也是受害者，只是他們沒有被賦予哭泣的權利。有多少人知道，其實絕大部分的加害人家屬，並不是所謂的血緣共犯，卻背負著卸不下的血緣重擔。

她和哥哥的年齡相差八歲，小時候，哥哥是只能被崇拜的存在，而她，則渺小到從未有資格真正走進他的世界。她很少向旁人提起對哥哥的情感，長大後甚至連自己都幾乎忘了，那被封印在童年裡的兄妹情誼，和被她同步遺留在純真年代裡的信任。也許是成長過程中經歷太多過於戲劇化的震撼教育，使她鍛鍊出極為冷靜的思想型人格，習慣以抽離自己的情感面，做為最完善的自我保護，如此便無需面對親人與惡人之間，那條難以共存的界線。

在我的印象中，蕭潔總是維持著波瀾不驚的修養，從不輕易流露內心的柔軟。唯有一次當我們聊到有關原生家庭的壓力時，她透露自己曾為了家人，承受過各種來自陌生人的辱罵，無論多麼不堪的話語她都能釋懷，但其中最令她心痛的，便是當他們理所當然地說：「被一個妳所愛的人徹底背叛是什麼樣的滋味，妳永遠不會懂。」

「每當我聽見這樣的話，心裡都在流淚。」她低垂著眼眸，落寞地說。「我知道我沒有立場回嘴，但是我怎麼會不懂？全世界只有我是從小就愛著他，相信著他，卻一而再、再而三地從別人的口中，發現原來我所相信的，都不是真的。」

「我想我明白妳的意思。妳會說從小就愛著他，是因為這段兄妹關係打從妳出生時便開始了，妳曾以一個孩子的身分去愛他，愛了好久好久。孩子的愛和視角都與成人不同，孩子的愛最單純、最毫無保留，但孩子的心，卻也是最脆弱的。」我沿著她的心裡話，觸摸到了這份情感的根源。當這個世界因為血緣關係，而剝奪她流淚的資格，當人們用一視同仁的審判，壓制她受傷的心，當生命賦予她的角色，挾制了她生而為人的自由，一份帶著善意的理解和體諒，或許是當時我能給予她最溫柔的安慰。

蕭潔說她也曾幻想，有天能離開家，隱姓埋名地去過屬於自己的人生，脫離這種躲躲藏藏、不見天日的生活，但她放不下患有重度憂鬱症的母親。於是，腦海裡那些假想的勇敢，最終總是輸給脆弱的情感。她對自由的渴望，足以穿越世俗的框架與牢籠，卻唯獨敵不過對家人的牽絆。再大的勇氣，也無法釋放一顆甘願被囚禁的心。

年幼時的她，沒有逃離家庭傷害的自主能力，長大後，她蓄滿了力量，長出一對翱翔的翅膀，卻也因此有了想遮蓋庇護的人。她選擇留下，想成為一個負責任的照顧者，卻慢慢發現原來再有能力的人，都無法憑著一己之力，去承擔別人的無能為力。她知道自己的選擇並非最健康的方式，也知道無論她多麼努力，在母親眼中，她或許永遠都只是哥哥的附屬品，但這個家裡已經有太多的謊言和離棄，總要有人守著那依附在血液裡，僅存的一脈連結。

蕭潔自小就知道，母親對哥哥的情感濃烈，對她卻十分疏遠。在她的童年記憶中，媽媽屢次負氣離家出走時，都會把哥哥帶在身邊，卻總是將年幼的她獨自留下。她從一開始的不安等待，到後來慢慢習慣像個旁觀者般躲在遠處觀望。看著媽媽氣沖沖地整理行李、牽著哥哥出門，然後幾天後，母子二人便會有說有笑地帶著滿箱的玩具和零食回家。

這樣的親子關係一直延續到哥哥上了高中後，叛逆衝突和偏差行為使母親傷透了心，逐漸開始把期望轉移到蕭潔身上。從那時開始，母親對蕭潔的人生便只有一個要求，就是不允許她成為第二個哥哥，凡是哥哥所喜歡的，蕭潔都不能喜歡，他所熱愛的活動，她都不許參與，他所接觸的，她都必須拒而遠之，那一切可能引誘他「變壞」的原因，都成為她生命中的禁忌。於是，她放棄了對音樂的喜愛，學會壓抑自己熱情外向的本性，從社交圈中抽離，專心讀書，一心盼望能陪伴母親早日走出內心的陰霾。

「我以妳為榮，但妳要是妳哥該有多好。」母親在她的畢業典禮上，望著她所獲得的無數面獎牌，哀傷地說。那一刻，蕭潔才明白，其實她根本沒必要這麼努力不去成為「第二個哥哥」，因為在母親的心裡，她永遠不如他。但多年來，填滿母親心中被失望掏空的坑洞，已成為她存在的意義。她只知道束縛自己不要活成哥哥的模樣，卻早已忘了如何活出自己原本的樣子。她小心翼翼地維護著母親的情緒，洞悉身邊所有人的喜好與喜怒哀樂，唯獨不認識自己究竟是誰。她漸漸在苦澀中領悟，原來她從來不想成為母親的驕傲，只想成為和哥哥一樣、生來就被媽媽珍愛的孩子。

蕭潔搖了搖頭，把注意力重新對焦於前方的海岸公路，深呼吸將自己的思緒從回憶中抽離，不願辜負這趟難得的旅行。當擋風玻璃外的風景越走越寬，她在心裡默默提醒著自己，不要因為此刻的渺小與無助，把還來不及成熟茁壯的人生，硬是擠進狹窄短淺的視野裡。有一天，當生命的視角被切換成全景模式，妳會發現，那如今佈滿整個觀景窗的傷痕，不過是一段旅途中被放大的局部特寫，當焦距拉遠了，荊棘坎坷便不再顆粒鮮明。再崎嶇的心路也終究會成為歷程，一株嫩芽挺起柔弱的筋骨，也能在藍天下長成結滿果實的花樹。

十幾年來，她無數次奔馳在這條被海景環繞的公路上，見證過季節留不住的輪換，和潮起潮落拍打不亂的晨昏，一幕幕隱藏在大自然裡的故事，都好像是在說服著她，再豐沛的力量，都無法打破時光的規律，再洶湧的風浪，也終究會有平息的一天。

這趟自駕旅途的終點，是她心心念念的奧特威海角燈塔。那是澳洲現存最古老的燈塔，在百年漫長歲月中，堅守著狂野的南大洋，為無數船隻照亮入港的航道和登陸的希望。這個靜謐卻充滿力量的所在，是整座城市中，最能帶給她安全感的地方。當所有的黑暗，都在光的凝聚下無處躲藏，她心中的一片光明，方能找到回家的路。

她熟悉地穿越海岸前的尤加利樹林道，在將車子彎進目的地之前，搖下車窗呼吸著熱帶雨林清新濕潤的空氣。平日裡的海角燈塔不如週末那般熱鬧，特別是在十一月，少了熙攘的賞鯨人潮，此刻這裡不是眾所皆知的觀光景點，而是屬於她內心的山海祕境。

下車時，她隨手披上一件薄外套，在南半球春季獨有的雨林香氣中，走進空曠的燈塔園區。她領會著夾雜了海水氣息的涼風，不自覺地加快登塔的腳步，在登上塔頂時，迫不及待地沿著珊瑚色的欄杆，俯瞰四面環繞的美景，將波瀾壯闊的海景收入眼底。能夠如此自在地站在世人矚目的勝地，對她來說就像是一種心靈救贖，讓她感覺自己仍是個值得被看見的獨立個體，仍然擁有能坦然無懼站在陽光下的自由。在這個匯集了無數旅人偉大目光的地方，生活中那些不斷壓縮她價值的審判眼光，似乎都不再鮮明。唯有美好的看見，能喚醒尊貴的靈魂。

她在燈塔上逗留了好一陣子，正準備轉身離開時，一位資深的守塔人來到她的身旁，親切地打了聲招呼，禮貌地詢問：「今天的參觀都還好嗎？」

「太好了，好到有點捨不得離開。」她客氣地說。

「這就是大自然的吸引力。來這裡的訪客在登塔時都是健步如飛，離開時卻會依依不捨地放慢腳步。」他笑著說，慈祥的眼眸裡流露出睿智的溫柔。「我常在想，這就好像是我們起起伏伏的人生。這些燈塔下的階梯，既能帶我們攀向頂點，也能陪我們揮別頂點，每一階都有新的高度，每走一趟，就像一場身心靈的鍛鍊。」

蕭潔詫異地望著他，有些驚訝眼前的這位長輩，竟能如此自然地說出一番人生哲學，且語氣不失真摯的溫度。她意識到他所隱喻的生命旅程，不禁會心一笑。我們總在渴望突破時，刻不容緩地想抵達頂峰，待事過境遷後，才明白最令人流連忘返的，其實是邁向目的地前所經歷的那些過程，和揮別頂點後，才開始領略的智慧與光芒。

「你的觀察好細膩，我完全沒有注意到自己走上燈塔時的狀態，只一心想看看上面的風景。」她坦率地說。

「不變的風景是帶不走的，但我們可以把改變的心境帶走。」他用稀鬆平常的語氣，說著帶著重量的話語。「改變的心境會引導我們做出不同的選擇，勇敢走出自己的路。」

「你覺得什麼是自己的路？」蕭潔忍不住問，從沒想過自己竟會將這個在內心反覆迴響過千萬遍的問題，向一個陌生人傾吐。

「別擔心，妳還有時間走出自己的路，或者，陪伴別人走出他們的路。」守塔人沒有正面回答她的問題，卻安撫了問題背後那顆焦慮的心。「人生的航線需要跨越很多不同的季節，沒有人能永遠一帆風順，也沒有人註定一路飽經風霜。有的人是先經歷成就，後學會成全，有的則是先付出陪伴，因而在別人的航道中，找到自己的海洋。我覺得這些都是在走出自己的路，只是先後順序和方式未必是自己所期待的。」

與守塔人道別後，蕭潔反覆思索著方才的對話，心境突然變得晴朗。或許多年來，她的隱忍和付出並不是一種消耗，而是建造，在看似停滯不前、默默成全與陪伴他人的過程中，一點一滴地建造著自己的海洋。她的人生並非附屬品，她一直在走著自己的路，只不過這條路沒有絕對的路線，每一個選擇都通往一次改道的機會。我們與家人的道路會相連、交錯、相互引領，但最終無法複製別人的腳步，亦扛不起他們的行囊。

那天，是蕭潔最後一次登上奧特威海角燈塔。數月後，她帶著母親從墨爾本搬遷到雪梨，專心進修法律博士學位。我曾好奇地問她，為什麼會選擇法律專業？她只淡淡地說，她想用餘生來守護公義的本質。她認為這個世界上沒有所謂的公平，因此更需要有公道。人們總是分不清正義與公義之間的差別，有意或無意地以正義之名，來審判原本應該被公義保護的生命。公義的本質是憐恤與仁義，最終目的並非彰顯論斷與刑罰，而是守護正直與良善。

蕭潔從一趟燈塔之旅中，看見了生命以外的風景，在一次偶然的際遇裡，獲得點亮生命的勇氣。我們都是聚光者，活出光芒的方式並非燃燒自己，而是先允許自己被溫柔照亮，不需要拚盡全力地活成燈塔上那道照耀世界的光束，而是在平凡的高山低谷中，學會收集每一份善意、每一次破碎後的重生、每一道曾慷慨照亮我們的光芒、和每一絲在黑暗中被點燃的希望，並將這些在淚濕的足跡中聚集而成的微小光點，悄悄灑落遍地，成為人生道路上足以使歲月溫暖的星火，使生命中那些曾看似荒蕪的灰燼，有天能鋪出美麗的路徑。

finding you

一個人身上的溫度，往往來自他所走過的路。

對生命的共情與慷慨，耕種在心頭柔軟的土壤上，但真正能使它們生長發芽的，卻是肩頭上所承擔過的重量。

沿著曙光走出逗留許久的航行，才驚覺原來最美的存在不是海天的廣袤，而是那個還在路上，卻勇往直前的自己。

使旅途美好的，是良善的奔赴，但使你美麗的，是傷痕累累卻依然溫柔赤誠的心。

懸崖上的水教堂

因為不知道日子什麼時候會好起來，
我們只好讓自己先好起來，才能跟得上未來的變數。
有些事不是熬過就好，
就怕熬過之後，一切都不一樣了。
如果需要捲土重來，
我們也未必有當年的體力和跟得上這個時代的能力。

二〇一九年秋季，公司籌備了近一年的跨境電商平台正式上線。二〇二〇年初，新冠肺炎病毒在歐美爆發，突如其來的疫情使各行各業面臨前所未有的生存危機，也加快了我們從新媒體業轉型進入電商領域的腳步。一邊面對媒體廣告業的近憂和遠慮，一邊迎接製造業供應斷鍊的挑戰，原本溫和的「慢轉型」計劃，被環境推動成快速升級的變化。

我想，在逆風而行的創業旅程中，我們有幸能獲得最大的安慰，不是有人為你擋風遮雨，而是有人懂你的掙扎，並且和你一樣倔強。對我而言，有一個身在遠方、心在咫尺的合作夥伴，一直是那樣一個值得慶幸的存在。

位於峇里島的最南端，被懸崖海景環繞的一間水教堂別墅，是我們合作多年的事業夥伴。身為當地旅遊觀光業和婚禮產業的翹楚，水教堂在疫情爆發後受到極大的衝擊，在短短一週的時間裡，失去了未來一整年近百分之九十的場地預約，瞬間剩下空蕩蕩的房間和團隊無處安放的鬥志。

情人崖傲然屹立，依舊守護著一覽無遺的印度洋，但潔白的水教堂裡卻不再迴盪著祝福的詩歌，森林裡的玻璃屋亦不再夜夜亮起垂墜的掛燈，唯有帶著清甜香氣的黃心緬梔花，仍溫暖地綻放在每個寧靜的角落，用希望與重生的花語，等待著歡笑聲再次填滿這個屬於愛的安歇之地。

ONE

有些人
縱使在黯淡的
憂傷谷中
掙扎
也願意
成為別人的
光

有些人即便在風雨中飛翔，仍不忘捎出朝陽的消息，縱使在黯淡的憂傷谷中掙扎，也願意成為別人的光。水教堂的創始團隊，就是如此溫柔的夥伴。

「我很支持你們轉型，雖然以後你們的主力如果放在網路商店這一塊的話，我們能合作的機會就少了，但我覺得你們的決定是對的。」她用一貫優雅成熟的語調，誠懇地對我說。雖然已在峇里島定居創業了二十餘載，她的舉手投足間仍自然流露出一種屬於日本女性的端莊氣質，傳遞出嫻靜安寧的力量。

「等疫情好轉、邊境開放，我們還是會繼續推廣海外婚禮，帶新人去你們那裡。如果你們有任何新的企劃，我們也一定會盡全力支持。」我想起這些年來與她相互扶持的情誼，難掩心中的不捨。

回憶創業初期，公司的業務開發四處碰壁，在加拿大本地投遞出的合作邀約均被婉拒，空有夢想的零資金新創，在現實的挑戰下瀕臨崩塌。正當我們在努力尋找市場定位的時候，她來自遠方的青睞為我們開啟了一條超乎想像的道路，跳脱本地的利基市場框架，走向連結國際藝術的世界村藍圖。國際化的品牌定位為我們帶來來自各國的奇妙連結，在跨文化的B2B商務交流、品牌策略和客製化的B2C海外婚禮及婚姻諮詢過程中，我也順著工作上的需求，收穫了關係教練的資歷。我會永遠感激她起初單純的信任，讓我看見夢想還有更多可能。

「因為不知道日子什麼時候會好起來，我們只好讓自己先好起來，才能跟得上未來的變數。有些事不是熬過就好，就怕熬過之後，一切都不一樣了。如果需要捲土重來，我們也未必有當年的體力和跟得上這個時代的能力。」她感慨地說。

「時代可以淘汰技能，也可以留存下許多無法被取代的經歷和資源。如今的妳不只是一個有勇氣的開創者，更是一個有智慧的建造者。後疫情時代所需要的資源，或許正好是妳這二十幾年來默默在建造的人才、文化和設備。」我認真地說，深深相信多年前她能從日本來到峇里島，在一片荒蕪的懸崖邊上開創異國領土，打造出一處山海秘境，並將青春的清泉傾倒在此，一點一滴耕耘出豐碩甜美的文化果實，如今，她仍有同樣的韌性，能在疫情的考驗下度過難關，再創巔峰。

在現今快速變遷的世界裡，大家都在關注未來十年可能會有什麼樣的改變，甚至積極地追趕這些改變，但同樣重要的問題是，未來十年，有什麼不會改變？比起那些被時代所帶走的，所留下的，有時反而更值得關注，因為那才是真正屬於我們的獨特資源優勢。

「我一直很相信每個人都有獨一無二的宿題，我們的責任就是找到它，然後專注地把它做好。創業所需要的不是最傑出的人，而是最適合的人。比如有的創業家是問題解決者，有的是產品發明家，但有點類似妳說的，我覺得我的宿題就是建造，所以從一開始建造場地，再來建造團隊，然後又花了二十年的時間，在建造一種超越語言和國界的自由多元文化。不管疫情後的時代是什麼樣子，我想我還是會繼續做這樣的事，然後相信它們會成為可以留存的資源。」她堅毅地說。

後來，他們決定在疫情期間透過婚禮佈置的線上課程，持續建造多元藝術文化，把多年來的經驗和手藝，傳遞到世界各個角落。水教堂仍然在等待復甦的季節，卻未曾停止建造文化的使命。

那些我們曾全心全意投入的奔赴，是時光奪不走的冠冕。當我們懂得欣賞逆旅中煉淨出的清亮，定能看見明天還有值得沸騰的託付。

finding you

如果抬頭看不見未來的方向，就低頭看看腳下的過往。生命與時光的關係，並非一場願賭服輸的交易，而是相互饋贈的循環。在這個季節裡暫時放下的夢想，會在下個季節裡，成為迎風飛翔的翅膀。

ONE

有些人
縱使在黯淡的
憂傷谷中
掙扎
也願意
成為別人的
光

以溫柔擁戴
你的
獨一無二

給世界最好的你

我不明白為什麼大人總是一邊告訴妳妳很幸福，
一邊卻要求妳去承擔和預防他們的不幸？
在他們眼中，十七歲的人生很輕鬆，
所有的問題都不是問題，夢想都只是幻想，
所有的愛好都是錯愛，因為跟後面的路比起來，
這個年紀所經歷的都太渺小了。
可是對我來說，這一切真的很不容易。

她蓬鬆的長瀏海彎彎地遮住半個紅通通的臉頰，勾勒出一雙清亮動人的眼睛，神采煥發的稚嫩外表下，散發出一種令人心疼的成穩，那是不屬於這個年紀的重量。

ONE

最深的孤獨
不是沒有人陪伴
而是
我們有幸結伴
同行
卻不認識
彼此的心

「有時候，我會覺得自己是被這個世界遺忘的人。」她落寞地說。

「但妳仍選擇默默努力著，只為了給這個世界最好的妳。」我輕聲回應。眼前這個女孩，引起了我的好奇心。「妳希望世界如何記住妳？」

「記住我的存在，即使我那麼平凡。」她倚窗而立，抬頭望著天空，難掩孤獨的神情。

「其實世界上很多最珍貴的東西，都是看似平凡的存在，比如空氣、陽光、水，還有妳。」

她的臉上露出一抹難得的笑容，靦腆地說：「從來沒有人說過我很珍貴。」

「就像妳說的，這個世界有時真的很健忘，喋喋不休地說著對我們的要求、批評、抱怨，卻總忘了告訴我們，妳是如何的獨一無二。」我望著她，心裡想著最深的孤獨不是沒有人陪伴，而是我們有幸結伴同行，卻不認識彼此的心。

「他們總是說我是個幸福的孩子……」她的聲音停頓在空氣中，再次開口時，帶著微微的顫抖，和藏不住的無助。「但是我真的感受不到。我的家人都很優秀，爸媽是別人眼中高學歷的專業人士，但是從我有記憶以來，他們幾乎每天都在吵架，嚴重時還會大打出手。我很害怕回家，總要擔心今天又將成為誰的出氣筒。我不明白為什麼大人總是一邊告訴妳妳很幸福，一邊卻要求妳去承擔和預防他們的不幸？在他們眼中，十七歲的人生很輕鬆，所有的問題都不是問題，夢想都只是幻想，所有的愛好都是錯愛，因為跟後面的路比起來，這個年紀所經歷的都太渺小了。可是對我來說，這一切真的很不容易。」她的眼睛裡起了霧，緊鎖著眉頭。

「最難走的路，就是正在走的路。妳現在想爭取的，是自己喜歡的夢想嗎？」我從她凌亂的心情中組織出心事，關懷地詢問。心中想著，沒有任何難關應該被輕視。多麼希望我們在佈滿荊棘的低谷中所學到的，不只是防備和自保，更多的是原諒、堅持和體恤——原諒那些傷害或不諒解你的人、堅持你所追求的方向、把在深淵中提煉出的體恤，留給下一個走進低谷的靈魂。

「我想學藝術，但我爸媽有很傳統的華人思想，覺得學藝術沒前途，如果我選擇了這種志願就是在揮霍人生。其實我不怕走錯路，只怕連嘗試的機會都沒有。妳覺得我應該堅持嗎？」她垂下眼簾憂傷地問，緊抿著的嘴唇卻是倔強不服輸的。

「我們要用尊重和同理心來善待父母的建議和擔憂，認可他們曾經走過很不容易的路，想保護孩子的心意也是好的，但同時也要知道，沒有人有能力為妳的人生鋪路。未來的路，是由今天的腳步一步步踏出來的，走著走著，想像就成了方向，嘗試就成為閱歷，就算不一定能達到成功的預想標準，至少我們會抵達更遠的地方，讓夢想更成熟，也讓自己的心更透徹、更勇敢。」我直率地說，心想倘若未見的信心是種揮霍，那麼沒有揮霍的歲月，或許就不算真的活著。

我回想起十七歲時的自己，當時的我或許比現在的她更迷茫，甚至沒想過自己喜歡什麼，可能擁有什麼樣的夢想，選擇專攻的科系也只是一連串分數的編排。但正是這份天真，為後來的旅程留白，才能任際遇勾勒出更寬闊的天地。如今回頭看，求學、求職、轉行、創業，每一步路都沒有白走，每一個選擇所帶來的學習和歷練，最終都會被收納於生命的寶藏箱裡，成為可相符相稱、永久增值的擁有，賦權我們創造出更美好的奔赴。

夢想，並非是結果導向的標準化目標，而是創造導向的客製化過程。它會沿著你所選擇的途徑，在經歷中一點一滴被塑造，成為專屬於你獨一無二的模樣。忠於初心的堅持、寬裕的實驗空間，和勇於被改變的靈活性，是培育夢想的溫床。

「我寧可在懵懂中做自己，也不願成為別人的第二人生。」在我們道別前，她用最柔軟的語氣說出了最堅定的話。我目送她離開，見她衣袂翩然，髮絲在暖風中飛舞，輕巧的姿態像翩躚的粉蝶，肩頭那隱形的重量彷彿變得輕盈，在陽光中悄悄展開期待翱翔的翅膀。

一年後，她如願進入紐約視覺藝術學院，並離家搬到學生宿舍居住。她與父母的關係仍有摩擦，但因為距離而不再日日爭鋒相對，反而偶爾會掛念和關心彼此的生活。她說未來會如何沒有人知道，但是此刻，她要好好把握自己所愛的。

不放棄，就是她現在能做得到的勇敢。

「很慶幸在最徬徨的時候，有人願意肯定我的價值，聽我心裡的話，這讓我覺得自己並不孤單。幸福不是在於妳擁有多少，而是妳懂得珍惜多少，還有，有多少人真的認識妳的靈魂。」她傳來這樣一封溫暖的訊息。

我們身上都背負著別人看不見的重擔，在雲淡風輕的稚嫩外表下，或許正挨著一刀刀見骨的傷。沒有人應該獨自一人承受生命所有的重量，因此我們在不同的際遇裡，用別人的歷練，來鍛鍊自己的修煉，也用自己的遺憾，來成全別人的答案。

希望，是我們在心底為自己預留的一盞燈。願此刻的你，能相信未來的自己，因為能照亮前方道路的未必是眼前看得見的風光，而是心裡不下沉的太陽。世界或許偶爾健忘，卻從不缺乏盼望，當妳用勇敢單純的心與它面對面，一定會得到溫柔的回饋。

finding you

真正的自由
不是想做什麼就做什麼，
而是有能力去選擇做對的事。

ONE

最深的孤獨
不是沒有人陪伴
而是
我們有幸結伴
同行
卻不認識
彼此的心

以溫柔擁戴
你的
獨一無二

黑海曙光

仇恨，是文明真正的敵人。
戰爭，真的是為了和平嗎？
真正的勇者從不為眼前的仇恨而戰鬥，他們只為身後所愛的而戰。
我們所選擇相信和傳承的，會成為戰爭奪不走的文化。

俄烏戰爭爆發後的第十六天，我收到烏克蘭的合作夥伴艾琳從敖得薩傳來的訊息：

「這場戰爭可能不會這麼快結束。我的社區裡現在只剩下女人和小孩。我們已經做好長期抗戰的準備。鎮上的商店都關了，包括我的婚紗店，所以親愛的，我很抱歉，請把我們的品牌下架吧。如果可以，請發揮你們的影響力，幫我們呼籲大眾，請這個世界不要放棄烏克蘭。」

短短的一封簡訊，帶來令人心碎的消息。我反覆細讀著她的一字一句，分不清這究竟是一封道別信還是求助信，層層堆疊出的情緒，帶來久久無法平復的震撼。我在消化心痛的同時，感受著她在黑暗中咀嚼傷痛的隱忍，和在希望與絕望之間來回徘徊的焦慮。

「妳永遠不需要為妳的勇敢道歉。」在生死面前，任何言語上的表達都顯得微不足道，但我知道捍衛家園的勇氣，是此刻唯一能支持她繼續走下去的力量。

和艾琳合作的這些年來，每次聽她聊起家鄉，總是能感受到她發自內心的驕傲，每當和她一起工作時，更能從她所堅持的細節中，看見那烙印在骨子裡剛柔並濟的勇者文化。我們曾攜手為許多來自不同國家的新娘，客製專屬於她們的嫁衣，把承載著回憶的寶石一顆顆鑲嵌在輕撫著紅毯的裙擺邊緣，將浪漫的色彩漸層浸染在銀白色的綢緞上，在經典蕾絲最細膩的表面，勾勒出一幅幅會說故事的刺繡。艾琳常說，我們在做的不是跨越海洋的貿易，而是超越國界的心意。

她的工作是用獨特的手藝，為人編織出不可複製的回憶，但工作背後的使命卻是推廣文明，她希望能帶來不同文化的交流，看見擁有不同文化背景和民族意識的人們，能彼此接納、相互欣賞，這便是促使她擴展自己的婚紗品牌與海外連結的動力，也是我有幸能與她相識的起源。初相識時，艾琳曾告訴我，「文明」這個詞源自於拉丁文「civilis」，大家都知道它的意思是城市化、公民化，但其實這個字同時也是「分工」與「合作」的引申。

「我來自一個非常渴望文明的民族，這個渴望也會是我一生努力的方向。」當時她的一句話，開啟了我們之間分工合作的關係和情誼。

俄羅斯攻擊烏克蘭的三個星期前，我和艾琳還在視訊會議上熱烈討論著情人節的聯名婚紗企劃，如今卻已人事全非。清晨的爆炸聲震碎了和平的時代，無情的砲火使數以千計的家庭流離失所，進入永夜裡漂流。

「我知道外面都在報導逃難的新聞，但其實大部分的烏克蘭人，都還留在這裡死守著。沒有人能告訴我，我的丈夫和兄弟會不會活著回來，也不知道儲存的物資還夠我們撐多久，但是我會盡我所能的在敖得薩堅持，直到最後。」艾琳說這幾天來，她都和社區裡的母親和孩子們一起躲在教堂地下室的避難所裡。身為裁縫師的她，除了幫忙照顧孩童外，也發揮一己之力帶領大家做手工，編織軍事迷彩網和衣物。

敖得薩位於黑海西北岸，是烏克蘭的第三大城市，也是最重要的貿易港口和海軍基地。這些年來，烏克蘭有百分之七十以上的海上貿易，都是經由敖得薩進行，然而如今這座擁有「黑海明珠」美譽的港灣都市，卻面臨圍城之戰的威脅。

艾琳的家族三代都生於敖得薩。二戰時，她的爺爺曾為俄羅斯而戰，老家的牆上至今都還掛著爺爺穿著軍裝的照片。她從未想過，這個爺爺曾用生命守護的國家，如今竟會對她的家園發動戰爭。戰爭，真的是為了和平嗎？

「這陣子我們時常聽到防空警報和教堂鐘響混合在一起的聲音，好像連原本報平安的訊號，都變成恐嚇和警告。有天下午，這個可怕的混音又響起，而且持續了很久，有幾個孩子憤怒地說，他們好痛恨俄羅斯，是俄羅斯人害我們變成這樣，他們長大後想殺了俄羅斯人。我們當中有一位退休的老護士長聽見孩子們所說的話，就過來安慰他們。她說『敖得薩』這個名字的意思是上帝的微笑，這個祝福並沒有因為此刻我們躲在這裡而改變，但卻可能會因為未來的仇恨而消失，因為只要有愛，就會有上帝的微笑。我們要努力守住這個屬於我們的微笑。真正的勇者從不為眼前的仇恨而戰鬥，他們只為身後所愛的而戰。」艾琳感性地分享著在避難所裡發生的故事。

護士長告訴艾琳，大家都知道這是個資訊氾濫的時代，媒體無時無刻不在傳送著情報，這些情報不一定是真相，更不一定是真理，但人們所忽略的是，其實天地萬物也時時刻刻都在向我們傳遞著訊息，只是這個世界太吵雜了，使我們無法停下腳步、靜下心去感受、關注和聆聽真實的訊息。就像那每日不斷響起的聲響，我們可以在高亢的警報聲中聽見恐懼，進而挑起內心的仇恨，影響我們的下一代，也可以選擇在低沉的鐘聲裡相信平安，成為愛與盼望的守護者。烏克蘭的未來，並不是百分之一百掌握在戰爭和世界政局的手裡，而是我們每一個人都有對未來的發言權；我們所選擇相信和傳承的，會成為戰爭奪不走的文化。

「那位護士長昨天過世了，我好心碎，難受到快不能呼吸，但我感恩她在離開前教了我這麼重要的事。或許我們正在經歷的，並非主導地位的競爭，而是一場文化戰爭。仇恨，是文明真正的敵人。」艾琳回憶起護士長生前曾說，等她走出這幽暗的地下室，第一件想要做的事，便是站在教堂大門旁，看看陽光穿過彩繪玻璃的斑駁色彩，但當她離世時，穿越玻璃的，卻是黑暗的砲彈，留下的，則是碎了一地仍不願褪色的等待。

我和艾琳之間的對話，就這樣斷斷續續地往來了一個多月。每當鑲著她名字的對話框亮起，總能點亮我心中感恩的燭火，同時也參雜著焦灼的情緒。四月中旬，她告訴我幾天前她暫時離開了避難所，去做了一件特別瘋狂的事。

「有個女孩和她的未婚夫，曾在情人節當天來我店裡拍攝過一組婚紗照。月初的時候她突然聯絡我，說想購買她拍照時所穿的那件禮服，因為她剛得知，她的未婚夫已經不幸犧牲了。她來不及嫁給他，只能留下那件婚紗當作最後的紀念。她的遭遇讓我好心痛，我還清楚地記得，她的未婚夫在情人節那天第一次看見她穿婚紗時的表情。於是我決定冒險去店裡和她見一面，把那件婚紗送給了她。老實說，打開店門的時候，我手裡握著鑰匙不停地顫抖，心裡很害怕會遇到危險，幸好最後能安全順利地完成這件事。」艾琳描述著歷歷在目的緊張情景，簡訊的文字中卻穿插著一串串閃爍星光的表情符號。她將內心滿足的光芒，幻化成手機螢幕上流動的金黃色星河，令我想起我們初相識時，她帶著有關文明的夢想侃侃而談的模樣，也是如此刻這般地熾熱明亮。

那是我們最後一次對話，在四月十六日的夜晚。

她將悠遠的星河留給了我。自始至終她都深信，只要沿著這點點微光匯成的一線希望，便能找到散落在漫漫長夜裡的人間曙光。

在等待她消息的日子裡，我時常回想起這些年來與她共事的點點滴滴，逐漸明白一生不曾離開敖得薩的她，一心嚮往的卻是比民族更寬闊的天地。艾琳的願景，是一種打破政治藩籬的全球化意識，包括文化的交流、經濟的相互合作、全人類的和平，和民族之間的彼此饒恕與接納，但如今我們所面對的，卻是一個走向分化的世界。

我將對艾琳的思念梳理成頻頻回顧的紀念，將她的願景凝聚成娓娓道來的詩篇，收藏在心裡任意翻閱、停留。願她靈魂的家鄉，有一望無際的星河，守護著足以熄滅狼煙、撫平屈辱的愛。願她的國度沒有窮盡，永恆沒有眼淚。

finding you

有一天你會看見，
那曾近乎吞噬你的人間煙火，
已悄悄散落成滿天星粒，
成為照徹悲歡離合的潔白光芒，
隨著一縷炊煙升起，
引領流浪的心回家。

接納

是妳的話提醒了我，
要記得自己從哪裡來，身上帶著什麼樣獨特的文化，
所以後來我一直堅持用中文寫日記、關注亞洲的音樂和藝術。
對我來說真正的榮耀是不忘初心，
抓住自己的根，好好愛惜自己的文化。

每個人的身上都背負著他人難以理解的傷痛，經歷著不為人知的辛苦，拚盡全力地想跨越自己心中那道過不去的坎。有些故事，我們或許能感同身受地體會，但更多時候，我們有的可能只是一個表達在乎的機會。正如此刻，面對在恐慌中努力求生存的她，笨拙的關心，似乎是我唯一能給的陪伴。

以溫柔擁戴
你的
獨一無二

「小時候我一直不懂，為什麼對別人來說理所當然的基本權利，我卻從出生那刻起就不配擁有？難道真的只是因為我的膚色嗎？」她的聲音不住地顫抖，靈巧的雙眼像黑夜中明亮的月光，在清澈的湖面上照耀出一片漣漪。「妳知道嗎？對大眾來說，近期爆發的非裔美國人種族抗爭事件，或許只是值得關注的一則社會新聞，但對於像我們這樣的黑人家庭來說，卻是每天面對的現實人生。」

「我不知道，也永遠沒有資格說我知道，因為在妳所經歷的痛苦面前，我真的是渺小無知的。但是我知道的是，妳對我來說不是一個社會議題，而是我真心在乎的朋友。」我輕聲地說，除了赤裸裸的情感以外，找不到任何足以回應這份傷痛的言語。種族主義的壓迫累積了世世代代的血淚，無法用至高無上的道德標準來理解，甚至連安慰都顯得愚昧。

她望著我，露出了一抹柔軟的微笑，像是一個堅韌的勇者在朋友面前卸下了冰冷的盔甲，那笑容有多溫暖，就有多傷感。

她說她在成長的過程中，曾努力地想證明自己，去爭取人權與自由，但後來她長大了，成為了一個母親，才發現她竟不得不用同樣壓抑的方式，去教育自己的孩子，為的只是希望他們可以平安自保。她不得不承認，當人身安全都受到威脅，人權，不過是遙不可及的理想。

「從我的兒子十二歲開始，我就教導他，身為一個黑人男孩，你不能在公眾場合表現出任何負面的情緒，尤其是憤怒，不要給別人機會去懷疑你可能是個壞人。我不斷叮囑他要注意他的言語，甚至所有非言語的社交方式，包括眼神、肢體、表情等等，無時無刻都要謹言慎行。」她深深地嘆了一口氣，眼底泛起了淚光。「我記得我兒子聽到這些話時，臉上的委屈和困惑，就跟當年的我一模一樣。」

我低下頭企圖把淚意縮回眼眶，在心裡偷偷告誡自己，妳是來給予關懷的，怎能三言兩語就落淚？可我無法淡定自若地面對她的萬丈深淵，此刻在我眼前的，不是全世界都在討論的種族爭議，而是一個把家庭當作她的全世界，單純地想守護孩子的無助母親。她的愛越深邃，痛就越真切。

我不知道黑夜什麼時候會過去，但我相信，上帝總會為夜行的旅人點亮沿途引路的星光。而我，只能把心中炙熱的友情，當作僅有的一束燭火傳遞給她，祈禱她在每每抬頭時，都能看見一望無際的星空，知道自己的生命仍在這片天空的溫柔遮蓋下，是值得被保護、被賦予希望的。

「我很喜歡妳真實的樣子，包括妳一路走來的勇敢，和現在的脆弱。」我真誠地說。

「謝謝妳，其實妳的喜歡讓我感到很慚愧。妳還記得我們是怎麼認識的嗎？」她問。

我微笑點點頭，回想起童年時的我們。她的父親是非裔美國人，母親是加拿大人，在她九歲時，父親意外入獄，母親帶著她從美國到加拿大寄居，遇見了當時剛到加拿大讀書的我。雖然相識的過程不太友善，但後來也奇妙地成了朋友，在她回美國之後，也一直保持著聯繫。

「小學時我也曾歧視過妳，在妳還不太會說英文的時候。」她眉頭微蹙地回憶著兒時往事。「我帶著同學們起鬨，笑妳不會唱加拿大國歌，還叫妳回去自己的國家、說自己的語言，現在想起來我都不敢相信自己曾經那麼不懂事，更不敢相信我們竟然還能成為朋友。」

她的一席話打開了塵封已久的時光寶盒，悄悄抽出被歲月收藏的時間軸。上面所記載的不再是那些密密麻麻、童年解不開的習題，而是簡簡單單屬於生命的答案。流過的淚沒有留下使紙墨模糊的印記，反而滲入生命成為溫柔的資源，使良善的心更透徹。

「我其實很感謝妳當時對我說的話，在不知不覺中啟發我很多。不過還好小時候我還不太能理解，自己是真的被討厭了。」我笑著說。

「是我激勵妳要努力學習新的語言嗎？我記得高中畢業時，學校為妳破例頒了一項英文文學獎，誰都沒想到這份殊榮居然給了一個亞洲人。」

「不是的，我要說的正好相反。」我有些不好意思，若不是她提起，我幾乎忘了她口中的這份殊榮。「是妳的話提醒了我，要記得自己從哪裡來，身上帶著什麼樣獨特的文化，所以後來我一直堅持用中文寫日記、關注亞洲的音樂和藝術。對我來說真正的榮耀是不忘初心，抓住自己的根，好好愛惜自己的文化。」不要因為渴望被接納，而忘記自己是誰；不要因為想融入於群體中成為多數，而放棄自己的獨一無二。我深深相信，自己最原本的樣子，會成為開啟未來的鑰匙。

「這就是為什麼妳剛才說，喜歡我的真實嗎？」她展開了笑顏，若有所思地問。

「是啊。」望著她溫暖的笑臉和眼裡的光，我感受到我們的真實中都參雜著疼痛，卻也因此蘊育著披荊斬棘的勇氣。與其努力成為被接納的，不如先接納獨特的自己。

「現在面對著這麼失控的疫情，其實我很害怕戴口罩。說出來妳可能會覺得很不可思議，對於黑人來說，笑容便是我們表達友善最好的方式，但戴上口罩就遮住了這份友善。我時常覺得我們好像無時無刻都需要揚起笑臉對全世界交代，說 "I'm safe" 我是好人，接近我是很安全的。可是現在我突然覺得，也許這句話我應該反過來對自己的內心說，"I'm safe"，我的人生是安全的。或許這樣，我才能真正發自內心地微笑。」在我們結束視訊前，她坦然地說。

那晚，我的腦海裡不斷重播著與她的對話，和她令人心疼的笑臉。她的每一個表情，都細細刻劃出那些隱忍的歲月，彷彿在撫摸著一道道深不見底的烙印。她仍然是當年那個在找尋自由的女孩，依舊堅持不懈地守護著自己所相信的幸福，只是她不再追求完美的理想，因為她發現在真實的人生中，不是所有議題最終都能獲得定位和答案。沒有註定的悲劇，也沒有完全的喜劇，我們必須學會在開放式結局的無限空間中，相信生命自有堅韌的遮蓋，去緊緊抓住自己所珍惜的，然後義無反顧地把這條路走到底。

有時候生命中那些使我們顯得渺小的困境，同時也在一步步將我們的心推向偉大的途徑，在力不從心的煎熬中，鍛鍊出治服己心的韌性。而我們能在晝夜兼程的旅程中，成為鼓勵彼此向前奔跑的夥伴，一起撥開煙雲尋找陽光，解開綑綁過去的韁繩，重新去接納與理想不同的自己，便是一種難得的幸運。

縱使前方的路看不見盡頭，我們仍能把值得努力的那份愛放在心頭，或許這樣，便能把通往遠方的道路，走成擁抱生命的歸屬。

finding you

給過去的自己委屈的權利，
然後勇敢地相信，
你的心值得被瞭解、被看見。
堅強的人，其實更需要有人疼。

finding Jas

二〇二〇

這一年，我們習慣了小心翼翼地保持社交距離，當擁抱變得生疏，微笑不再透明，回家的路似乎也變得更遙遠。所幸我們也因此明白，真實的親密關係，需要用更細膩的珍惜來經營。

我們接受了在停滯不前的計畫裡耐心等待，卻意外地在與自己相守的巢穴中，遇見深埋在心底的赤誠火花。在黑暗中望著那似曾相識的微弱星火，慢慢學習辨別「妥協」與「寬容」的差異，看清生命中究竟什麼值得堅持，什麼應該放手，什麼是問心無愧，什麼又是雖敗猶榮。

這一年，我們放下了很多，也獲得了很多。當平安不再是理所當然，願我們都能在紛亂動盪的世界裡，更溫柔地善待自己，也更坦然無懼地學會互相珍惜，讓愛在風雨中依然觸手可及。

越是沉濁的日子，越要守著清亮的心。唯有當我們願意捧起手心裡的點點星火彼此照亮，才能重建明亮的淨土。

我們都要相信，將來的，會比放下的更美好。

鬱情書

無法若無其事的對你說聲「加油」，是因為不捨得你這麼努力。總有那樣的人，讓你無法將他的喜怒哀樂置身事外。正是因為人生充滿太多難以治癒的裂痕，所以更要緊緊擁抱為數不多的真心；因為我們身上都帶著歲月磨不掉的稜角，更要珍惜那些願意在你面前攤開的、一片赤誠的柔軟。越是艱難的時刻，越別輕易把愛推開，其他的，請讓我們一起承擔。

致憂鬱的你，如果能有一個向你告白的機會，我想我會對你說：

- 雖然我不懂，但是我在乎。
- 你的憂鬱不是因為軟弱，也許是因為你堅強太久了。
- 沒有人有資格告訴你該如何承受，那些原本就不應該發生在你身上的事。

- 我無法若無其事地對你說聲「加油」，是因為不捨得你活得這麼用力。
- 有時候「走下去」比「走出去」還困難，我為你感到驕傲，因為你還在這裡，還在努力。
- 你不需要向這個世界解釋什麼，我們可以就這樣靜靜地待著，直到暴風雨過去。

治癒中請見諒

我一直覺得這個世界上其中一件最荒謬的事，就是當你終於有勇氣成為你自己時，身旁的人卻用無法理解，甚至難以諒解的眼光看著你說：「你怎麼變了？你怎麼可以改變？」為什麼貼上標籤的人可以理所當然，活出真我的卻反而需要感到抱歉？如果你是正在勇敢走出不健康的關係、拒絕被情緒勒索的朋友，你該為自己感到驕傲。

請勇敢地抬起頭說：「是的，我變了，我正在成為更好的自己。」

而一切改變的徵兆，都只是說明你正在被治癒。

如果你的生命開始出現以下的徵兆，請相信你沒有錯，你只是正在成為更好的人。

1. 當你不再否認或忽略自己內心的傷痛，並允許自己擁有脆弱的真實感受。
2. 你的朋友圈開始改變，社交圈有所震動（包括縮小、多元，或成熟等變化），核心圈卻變得更堅固。
3. 你開始以誠實善待自己的需求和原則，並學習以此為標準，在人際關係中設定健康的界限。
4. 你會不由自主地在人際關係中尋求深入的對話，比過去更喜歡傾聽別人的故事。
5. 你開始重視你如何看待自己，多過於在乎別人用什麼樣的眼光看待你。

6. 你開始厭倦習慣性討好，別人無法再輕易以愛的名義，使你放棄自己的權力。

7. 你開始懂得辨別和遠離不健康的關係、循環和行為模式，無論是來自於他人或自己。

8. 你對自己和他人的批評都減少了，比過去更能夠寬待別人和原諒自己。

不要害怕改變，讓我們一起慢慢好起來。

ONE

不要害怕
改變
讓我們
一起
慢慢好起來

CHAPTER TWO

即便
物換星移
年華輕彈
也能
找到
彼此眼中的
星辰大海

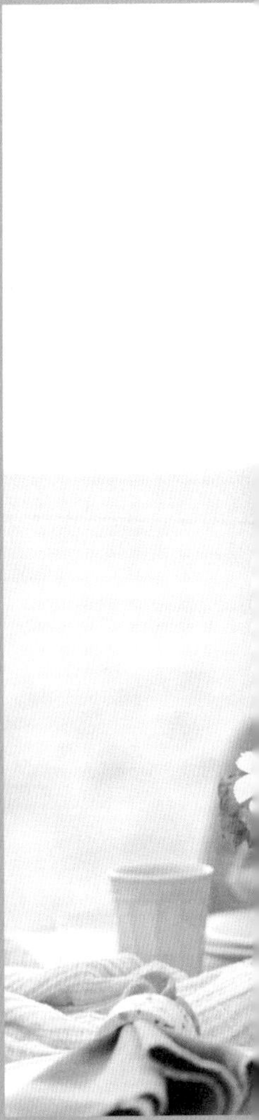

以溫柔擁戴
你的
獨一無二

第三人設

我愛上了一個人，卻不再喜歡我自己。
我不顧一切地想得到他，卻搞不清楚這樣的愛，
到底是不是我想要的。
其實我心裡也明白，就算我得到了他，我們又能走多遠？
對於所謂長久不變的愛情，甚至婚姻，我自己本身也沒有安全感。

她的花店位於繁忙的西雅圖城市街角。落地的大玻璃窗裡，綻放著清新明亮的花藝陳列，莫蘭迪藍色的法式大門隱藏在轉角內，需順著玻璃窗微彎的弧度，拐到靜謐的單行道上方可進入。獨特的地理位置使這間匠心獨具的花間小築，得以一面觀看著喧鬧的都市溫情，一面刻意地與世界保持距離。許多從現實跋涉到理想的人們，經過花店時會停下腳步，採集一束今日的鮮花，繼續追趕明日的果實。

某個雨季的夜晚在營業時間過後，我和她相約在店裡，準備討論近期一場婚紗展的佈置細節。進門時，我見她哀傷地站在櫃台前，目送一名神色匆忙的男子離開。我曾多次在店裡見過那名男子，令我印象頗深的原因是——每次他來，她總會在店裡反覆播放同一首情歌。我感覺到自己的到來，似乎驚擾了一場醞釀中的儀式，於是在禮貌地向她點頭示意後，便悄悄躲到樓上的閣樓教室裡，想盡可能地留給他們整理情緒的空間。

大約十幾分鐘後，她若無其事地上樓和我打招呼，臉上帶著熟悉的微笑，雙眼卻是紅腫的，手裡捧著婚紗展的設計圖和滿滿的花材。我坐在插花台前，望著她熟練地修剪著許多我叫不出名字的花草。這或許正是我鍾情於這間花店的原因，它就像一間小型的花卉博物館，珍藏著來自世界各地的稀有花材。每樣花材的數量都十分有限，也不像常規花店那般擺放緊湊，精心地為花草營造出一個不爭不搶、各自綻放的舒適空間。

「妳知道嗎？花會綻放、會有情緒，也會爭寵。」她邊說邊靈巧地把一支突出的紫色唐菖蒲從眼前的花束中取出，輕輕安置在一旁。

「果然所有的生命都比想像中複雜，也比想像中執著。」我若有所思地回應。不知道為什麼，她的話令我想起方才那個轉身而去的身影，和她在他身後無聲的眼淚。

她抬頭深深地望了我一眼，像是在窺探我的思緒，又或者，是在確認某種默契。人與人之間的關係真的很奇妙，有些朋友相處了大半輩子都無法彼此信任，有些卻能透過一個眼神，在一瞬間建立起像孩子般足以交換秘密的安全感。

「起初，我真的以為他是單身。」她輕描淡寫地說。「但很多路走著走著，等看清楚自己在哪裡的時候，已經回不了頭。」

「那現在，妳在哪裡？」我小心翼翼地問。

「在哪裡都不是。貼著第三者的標籤，站在一個連同情都不配擁有的位置。」她精緻的臉龐上浮現一抹自嘲的苦笑，指著桌上那朵被取出的紫色唐菖蒲，落寞地說：「像它一樣，只能被動地被選擇，或者被放棄。」

「可是，妳的人生不該建立在別人的選擇上。」我不假思索地說，直視著她憂傷的眼睛，緩緩地補充：「別人的選擇無法為我們帶來真正的幸福，只有自己的選擇可以。」

「因為我一直認定他就是我的幸福啊，所以一直等，傻傻地相信他時常掛在嘴邊的那句，事情很快會解決、很快會和她提，但顯然到了最後，他並沒有選擇我。如果可以，誰不想擁有一段不需要跟別人分享的完美愛情？」她落寞地說。

「沒有愛情是完美的，但至少要完整。」我坦率地說。「不要讓一個男人的軟弱，決定妳的人生，也不必用妳的青春，去承擔另一個女人的悲劇。」

她沉默了，低頭重整著手中零亂的花材，將花朵抽出，綠葉按照色澤和形狀大小重新排列，把參差不齊的枝葉修剪成柔和的原貌。我望著眼前逐漸成型的花藝作品，突然覺得原來花藝和生活的本質很接近，這段塑造、整合、修剪的過程，像極了我們各自綻放卻又相輔相成的人生。有些生命只需被安置在對的歸屬中，便能綻放光彩，有些則會在你看不見的地方悄悄扎根。一座花園裡少不了耀眼的瑰麗色彩，更不能沒有抓住土壤、吸取養分的根系，如同人生有用獲得堆積出的光芒，也有用捨得換來的覺悟。

過了片刻，她低聲地說：「很可笑吧？我愛上了一個人，卻不再喜歡我自己。我不顧一切地想得到他，卻搞不清楚這樣的愛，到底是不是我想要的。其實我心裡也明白，就算我得到了他，我們又能走多遠？對於所謂長久不變的愛情，甚至婚姻，我自己本身也沒有安全感。」

「有時候我們之所以會想去征服那些不屬於我們的，是因為潛意識裡無法相信自己其實值得擁有更好的，和真正專屬於妳的。」我輕聲地說。對親密關係缺乏安全感，往往有裡外兩種不同的面貌，外顯的狀態是無法被滿足、無法信任、內心無法被填滿，但真正隱藏的根源，卻是不知道如何擁有和委身於平衡的親密關係。

「妳的意思是，我該選擇離開他嗎？」

「妳該選擇找回自己。」我放鬆了語氣，希望能緩和她緊繃的情緒。「試著去相信自己的價值，看見自己值得擁有什麼，因為人際關係的吸引力，往往來自於我們內心所相信的一切，要先相信自己一定可以愛上更好的人，擁有一份完整的愛。」

「我怕我做不到。」她怯怯地說。

「我相信妳可以。」我毫不猶豫地回答，把眼光轉向桌上那盤跳脫框架、自由綻放的花藝作品，微笑地說：「因為妳有一雙看得見美好的眼睛。」

那晚我們離開花店時，她帶了傘，卻沒有撐。路過的人向她投射出好奇的眼光，用旁觀者的視角打量著這個明明有傘，卻讓自己淋溼的女孩。她在風雨中昂首闊步的背影雖顯狼狽，卻好過不見天日的悲哀。

一個多月後在婚紗展落幕時，她告訴我她主動退出了這段三角關係。男人多次企圖挽回，說盡了甜言蜜語和承諾，但最後她只淡淡地對他說：「我已經不在乎我和她之間你究竟更愛誰，因為現在的我，愛自己比愛你更多。我覺得自己真的沒必要再為了誰，愛得這麼抬不起頭。」

她說他在聽完這段話後，站在原地錯愕了許久，之後便停止了糾纏。或許他至今仍不理解她的意思，也不懂她的改變，但那些都已不再重要。她仍記得自己曾為了一場執迷不悟的爭奪，而一再將就內心對於愛情的原則和期待，但如今她已不再顧念身後這段凋零的過往，只想在四季變換的樣貌中，捧著初心的種子，去迎接下一期美好的花季。

每個人都值得擁有一份讓我們能坦然抬起頭的愛，而自愛是被愛的首要條件，擁有自己，才有能力去擁抱對的人。再精彩的奔赴，都不值得我們放棄單純的初心，和將就自我的原則，因為真正的歸屬，不該是需要拚命爭取的目標，而是恢復真我的指標。

願我們都能用透徹的感恩和接納，去看待過去的傷，用一塵不染的初心來對待未來的旅程，不再留戀凋零墜落的季節，勇敢帶著真實的自我，去迎接歷久彌香的歸屬。

finding you

不要為了任何人，
慣性貶低自己的價值，
你比你想像中更好，
更值得被愛。

蜜糖咖啡

「我覺得對於一個愛妳的人最基本的尊重，就是好好看看他，認真想想究竟有沒有可能，有天妳也會愛上他？」我說。

腦海裡出現宇啡厚實溫暖的身影，和凝眸深處的溫柔。

蜜蜜是我認識的女孩中，性格最單純直率的，歲月在她的身上似乎從未留下一絲世故的痕跡，她永遠是那麼天真坦然，像個孩子般懷抱著最純真的信念。

從十二歲起，蜜蜜的身邊就跟著一位護花使者，每天下課我們這群同學都會看到這位鄰家哥哥準時出現在教室門口，護送她回家。這位大哥哥名叫宇啡，比

TWO

人的
眼光需要喜好
都會隨著成長
而改變
正因為如此
那些不變的
才更值得
我們去珍惜

我們大三歲，是蜜蜜從小到大的鄰居。久而久之，我們也都習慣了宇啡的存在，習慣他像個專屬天使一樣，幫蜜蜜解決生活中的一切難題，也習慣他總是用寵溺的眼光注視著她，像是在等著她長大。

蜜蜜直來直往的叛逆性格，使她的少女時代顯得比一般女孩更刺激精彩，三天兩頭在學校跟人起衝突，幾乎每次都是宇啡想盡辦法解救她。十六歲那年，她交了第一個男朋友，對象不是宇啡，打破了我們這幫好友多年來對於「蜜糖咖啡」組合自以為是的幻想。

蜜蜜的母親在發現她交了男友後非常生氣，母女倆大吵一架。蜜蜜激動地開了家裡的車出走，想去投靠男友，卻在路上發生了車禍，造成輕微骨折。她在休養期間，所謂的男友從未出現，只見宇啡日日守在她身邊，幫她補習、陪她追劇，把她的生活填得滿滿的，生怕她感到孤單。每次蜜蜜復健時，總會聽到宇啡反覆自責地說：「妳說想考駕照，是我教妳開的車，都是我的錯。」

蜜蜜的初戀來得快也去得快，從頭到尾，宇啡都像個局外人，一如往常地關

T W O

人的
眼光需要喜好
都會隨著成長
而改變，
正因為如此
那些不變的
才更值得
我們去珍惜

心著她的生活，扮演著兄長般的角色，彷彿什麼事都沒發生過。有次我們偶然問起他的心情，他只淡淡地說：「我沒想太多，只是習慣照顧她，就算她只當我是朋友。」

有一次蜜蜜問我：「妳覺得女生到底該選擇一個妳愛的人，還是愛妳的人？」

「這個問題好老套啊！」我笑著說：「妳就這麼確定無法兩者皆得？」

「什麼意思？」她疑惑地問。

「我覺得對於一個愛妳的人最基本的尊重，就是好好看看他，認真想想究竟有沒有可能，有天妳也會愛上他？」我說。腦海裡出現宇啡厚實溫暖的身影，和凝眸深處的溫柔。人的眼光、需要、喜好都會隨著成長而改變，正因為如此，那些不變的，才更值得我們去珍惜。

蜜蜜國中畢業前夕，宇啡的家庭經歷了一場變故。父親的外遇令母親難以承受，在父親決定離開他們另組家庭後，母親希望能離開傷心地，搬回位於香港的娘家生活，宇啡也承擔起了照顧母親和年幼弟妹的責任。臨別前，他留了三百六十五封信給蜜蜜，讓她每天讀一封，說一年後她將信讀完了，他就回來了。

蜜蜜在宇啡離開後的第二天，就一口氣讀完了所有的信。那天傍晚，她失魂落魄地跑來找我，含著淚說：「他是真的愛我，只是從來都不說。」

宇啡一去就是三年多，與老朋友們聯絡的頻率變得越來越少。回來的時候，他沒有主動聯絡任何人，當蜜蜜千方百計打探到他的消息時，冰冷的客套，成了他們之間最遙遠的距離。昔日溫暖的大男孩，身上多了幾分滄桑孤傲，更多的是難以言喻的冷漠。

「宇啡的媽媽過世了，弟弟妹妹也被他爸爸強行接走，他這幾年真的失去了太多。」蜜蜜皺著眉向我敍述宇啡的近況。她搖了搖頭，像是在對自己承諾般輕聲地說：「我不會放棄他的，就像以前他從未放棄過我一樣。」

人的
眼光需要喜好
都會隨著成長
而改變
正因為如此
那些不變的
才更值得
我們去珍惜

黑夜或許會讓希望暫時顯得黯淡，但終究會被陽光烘暖，只要還有人在等待晨曦的歸來。接下來的兩年多，蜜蜜用行動實現了她的諾言。她陪伴在宇啡身邊，鼓勵他重拾信心，正面積極地面對生活，也幫助他在工作上找到新的方向。慢慢的，我們都可以感覺得到，當年那個溫暖謙和的宇啡回來了。

蜜蜜和宇啡的關係，終於在他們相識的第十二年，開花結果。在收到他們的喜訊時，我傳了一封訊息給蜜蜜：

「一直以來，我們都以為是咖啡的苦襯托出蜜糖的甜，現在才明白，原來是一絲微甜，在苦澀的漩渦中，調製出香醇幸福的滋味。」

蜜蜜給了我一個很浪漫的回覆：「我們就像彼此的初心，雖都曾放棄自己，卻就是放不下對方。」

我們總口口聲聲地說勿忘初心，但時間久了，誰也分不清楚，究竟是我們拚命堅守著初衷，還是那份初心，一直在默默守護著我們？蜜蜜是宇啡即使忘記自己，也始終惦記的人，這份惦記竟成了他的救贖，也將是他餘生的奔赴。

歸屬的途徑，往往要走過高山低谷才能找到，如同我們的心，需要經歷冷暖交織的探索，才能看得清楚透徹。那些傻傻的付出，不求擁有、只求相守的歲月，原來不是揮霍，而是收穫，為的是培育出心中那塊無染的淨土，等待幸福的種子在回暖的季節勇敢衝破土壤，邁向浩瀚良善的天空。

finding you

你填滿我的青春，
也擁有我的餘生。
在你身邊逗留的每一分鐘，
都是忠於愛的初衷。

不變

最珍貴的承諾，或許不是讓我們一起慢慢蛻變，而是當你成為更好的你，我仍會是原來的我。

我仍會是那個願意在你身邊逗留，收集你的軟喃與笑語的我，那個以真誠與你面對面，在你眼中看見花晨月夕的我。

我把改變給了全世界，卻把不變留給了你。

十年

十年來，他們經歷了無數次的分分合合，
在價值觀的差異中針鋒相對，又在戀戀不捨的眼淚中重修舊好。
他對她溫柔時的寵溺、厭倦時的暴力、和不甘寂寞時的三心二意，
讓她的身心靈都在忽冷忽熱的反覆循環中消耗殆盡。
她的世界裡只有他，他的心卻始終不願為她安定。

「我把最好的十年都給了他。」她靈巧的大眼睛裡漾起了輕霧。

「所以對得起這段感情，如果要放下，也問心無愧了。」我輕聲附和。

「但是對得起自己嗎？」她呡了一口濃郁的奶茶，彷彿需要藉著口裡的甜，

以溫柔擁戴
你的
獨一無二

來撫慰心裡的苦。

「當然，因為妳已經成為更好的自己，足夠去創造比那十年更好的時光。」我多麼希望她能明白，走過的路不是浪費，是對愛和生命的體會。離開的是辜負，留下的是禮物。

「我害怕我再也不會愛任何人像愛他那樣，那樣的不顧一切，我害怕自己放不下他。」她下意識地咬緊嘴唇，倔強又膽怯地問：「妳覺得他會後悔離開我嗎？」

我理解她的心情，卻不解她對於愛的定義。有時候「認知」和「定義」未必相同，他或許是她對愛情唯一的認知，卻不足以代表愛的定義。我們不該讓破碎的過去，成為定義未來的標準。愛不是單方面的不顧一切，而是雙方的相互顧全。

「我只知道妳不會後悔在他離開後，重新學習好好愛自己。」我心疼地說。與其說要放下對他的感情，她更需要先拾起對自己的疼惜。

她愣了一下，表情顯得有些不知所措。當思緒的焦點突然從對方的身上，轉移到自己的心上，她好像瞬間失去了思考的能力。上一秒她眼波中為他流動的思念潮湧，此刻已幻化為對自己的無情嘲諷。她已習慣去剖析他的情感，留心收集每一個他還愛著她的蛛絲馬跡，卻忘了如何關心越來越遙遠的自己。

她想起他們熱戀時轟轟烈烈的故事，放浪不羈的他帶著渴望冒險的她，體驗了前所未有的人生，用沸騰的甜蜜留下青春的烙印。曾經她以為那就是她所嚮往的自由，直到激情冷卻後，才發現自己已深陷於被愛禁錮的牢籠。

十年來，他們經歷了無數次的分分合合，在價值觀的差異中針鋒相對，又在戀戀不捨的眼淚中重修舊好。他對她溫柔時的寵溺、厭倦時的暴力和不甘寂寞時的三心二意，讓她的身心靈都在忽冷忽熱的反覆循環中消耗殆盡。她的世界裡只有他，他的心卻始終不願為她安定。

「他要愛的人太多，我不過是其中之一。」她深深嘆了一口氣，哽咽地說：「他對我說過太多謊，一開始我還很卑微地自我催眠，相信他騙我至少是表示他在乎我、還會害怕失去我。後來我才明白，從頭到尾他都只是為了他自己。經歷了這麼多，我也長大了，現在我知道我想要的是一個家，不是一段假裝自己活得很精彩的青春。這些年來，我就像被困進了一座監牢，在裡面時時刻刻要和別人爭奪空間，擁擠得快要窒息；明明知道這段感情很失敗，但我就是放不下他，不知道怎麼走出來。」

我看見她內心對於自由和歸屬感的渴望，也看見那把銬在情感牢籠上的鎖，是名為習慣的癮。她值得為自己勇敢一次，在牢籠以外的天空大口呼吸、重新學會飛翔，即便放手的過程會沾滿塵土，學習的代價或許是滿身風霜，但笨拙的勇氣終會帶領我們抵達美好的淨土。唯有先找到更完整的自己，才能遇見那個為她拍去風霜、拭去塵土，在雋永的時光裡與她翩然共舞的伴侶，用相互珍惜的決定，重新譜下愛的定義。

「認認真真地愛過，結束就不是失敗。」我鼓勵地說。「妳所習慣的舒適圈其實已經不再舒適，既然如此，何不給自己一次機會，去認識圈外的世界？就當作一次旅行也好，雖不敢保證妳會脫胎換骨，但走出去，或許妳會發現那十年，不再是最好的。」我多麼希望有天她能相信，在一段健康的愛情裡，她不會只是對方心裡的其中之一，甚至不該只是萬中選一，她應該是他的始終如一。

她抬頭瞥了我一眼，又匆匆把眼光投向遠方。我知道她的心很累，正在努力消化著那段幾乎撂倒她的無畏青春，想伸手抓住此刻心頭上那道如夢初醒、隱約閃耀著勇氣的微光，卻又害怕燒盡手心裡緊握著的回憶。

有好幾分鐘的時間，我們都沒有再說話。我想，真正的好朋友，未必是無話不談，而是在一起即便不說話，也能感到安心自在。我不求陪她走出來，只願陪她在這裡，在她此刻所在的位置和狀態中，傾聽她的念想，尊重她的選擇，擁抱她的真實，陪伴她迎接每一個選擇所帶來的聚散離合。

過了許久，她用一個勇敢的決定打破了沉默：「我想試試看接受這樣的挑戰。或許需要徹底抽離現在的生活，付上代價去看看外面的世界。但無論結果如何，嘗試了，才算真的對得起自己，不是嗎？」她露出難得灑脫的笑容，烏黑的眼眸裡燃起明亮的希望。

那天之後，她在奧克蘭完成了所剩三個多月的碩士學位，在畢業後選擇離開這座她居住了十幾年的城市，將十年愛戀埋葬於這片陪伴她成長的土地，搬遷到香港與她的家人團聚。

一年後，我收到她寄來的一封信，淺紫色的信封裡有一張別緻的手繪喜帖、一張婚紗照，和兩張膩在一起的純真笑臉。照片的背後，有一行她手寫的訊息：「謝謝妳的真心話，開啟了我的大冒險。我遇見了他。妳說得對，那十年，真的不是最好的。」

真心話是說給願意冒險的人聽，感謝她縱使困在牢籠中，仍沒有丟棄那顆願意為愛冒險的心。我看著照片裡的她，不自覺地跟著笑了。十年歲月與她此刻的笑容相比起來，竟瞬間被壓縮成一段深刻卻渺小的過程。

她走了好遠的路，每一步足跡都在不知不覺中化為成長的養分，貯存成飛翔的能量。與其刻意去遺忘傷痕累累的過去，不如將念念不忘的美好，化為娓娓道來的溫柔，這份溫柔在流淚谷中為她輕撫羽毛，帶領她重新學會飛翔；在釋懷中飛越遺憾的峽谷，最終抵達復甦的田野，擁抱自由重生的自己。

她終於明白，原來溫柔的歸屬不是時間，而是珍惜，不是回不去的十年歲月，而是到得了的恆溫巢穴。唯有共同的在乎，能使共度的時光變得溫暖，使愛終得圓滿。

finding you

在故事尚未結束前，
有些終點不過是下一個起點。
千迴百轉的等待，
終會守得苦盡甘來的疼愛。
為愛堅持的你，
註定會與幸福不期而遇。

驕傲的傷疤

失戀的痛苦，真的只有走過的人才能體會。
最可怕的不是忘不掉對方，而是再也記不起曾經瀟灑獨立的自己。
生活的軌道似乎沒什麼改變，但心裡的世界卻是支離破碎，
讓人寧可承受辜負，也不願困在寂寞的密室裡找不到出路。

初秋的早晨，霧濛濛的天空像被哀愁籠罩的迷網，樹梢裡隱約閃耀著無數陽光的光點，卻照不進她的心房。

「我會不會永遠走不出來？我現在這個樣子是不是很糟糕？」她顫抖的聲音在冷空氣中飄散。

「沒有到不了的未來，只有放不掉的過去。」我刻意迴避了糟不糟糕的問題，她的模樣實在讓人不忍苛責。我想此刻她所需要的，是一個比她更相信自己的人。負面思想的附和或許能帶來一時的情緒連結，卻無法餵養枯乾的靈魂。我願意陪她在黯淡無光的低谷療傷，但更希望她能抬頭看見未曾離開的陽光。

「我以為分手這件事已經是最痛苦的決定了，但沒想到更難熬的，竟是分開後的每一天。明知道應該斷得徹底，但就是時常按耐不住自己想聯絡他的念頭。他找我的時候我拒絕不了，當他不需要我的時候，我就成了自取其辱的笑話。我怎麼會變得如此卑微？」她雙手緊抱著膝，無助地敘述著自己的心情。「所有人都叫我趕快好起來，可是我真的忘不掉他。」

「妳是失戀又不是失憶，幹嘛要強迫自己忘記？如果連回憶都沒有了，曾經的刻骨銘心，到底還剩下些什麼？比起遺忘，妳更需要的或許只是一點一點地重新記得自己。」我靜靜地說。

失戀的痛苦，真的只有走過的人才能體會。最可怕的不是忘不掉對方，而是

TWO

一定
會有一個人
懂得
將你的溫柔
纏繞於心
不離不棄

再也記不起曾經瀟灑獨立的自己。生活的軌道似乎沒什麼改變，但心裡的世界卻是支離破碎，讓人寧可承受辜負，也不願困在寂寞的密室裡找不到出路。

「愛情會使人忘我，不是嗎？跟他在一起之前，我也有很多自己的理想，如今只剩一而再、再而三的妥協和討好。」她苦澀地笑著，眼淚不聽話地隨著笑容緩緩流下。「如果討好有用的話我也願意，可是他的心已經走遠了。」

「此刻的他不再屬於妳，但是你們所經歷過的一切，已經成為妳生命的一部分，那是誰也奪不走的。」我安慰地說，心裡為她感到一陣刺痛。要讓相愛一場的記憶，變成創傷還是成長，或許是我們所擁有最完整、也是唯一只屬於自己的選擇。

我知道這些年來她愛得很辛苦。獨自離開汶萊，到上海尋找工作機會，卻在與夢想相遇之前，愛上了放浪不羈的靈魂。她以為可以用愛，把他從漂泊的浪子天涯裡拯救出來，卻不明白沒有人可以當另一個人的救世主，即便賠上全部的自己，也無法在一段失去健康平衡的關係中，強留消耗殆盡的熱情。她始終堅持著自己的選擇，只是忽略了，選擇一個同樣選擇她的人，才是最基本卻也最重要的堅持。

「我還能再愛嗎？我們糾纏了這麼多年，我是不是要花更多時間才能戒掉他？」她問。

「習慣其實不一定與時間有關，時間從不逗留，逗留的總是我們以為收不回來的真心。我相信妳會慢慢發現，原來一個人的離開，可以為生命挪出這麼多幸福的空間。」我認真地說。

再熟悉的地方若不是歸屬，都要捨得告別，然後帶著成長的疤痕，安然地去擁抱自己的心，探索新的旅程。

「這不是失敗，只是成長，這樣想或許我可以勇敢一點。」她微笑地說，這是她今晚第一次發自內心的笑。我們一如往常地在擁抱中道別，我感受到她瘦弱的身體裡，隱藏著隱忍的倔強，努力地想支撐起眼前的風雨淒涼。

「一定會有一個人，懂得將妳的溫柔纏繞於心，不離不棄。」望著她離去的背影，我在心中默默地為她祝福。

幾週後，她毅然決然地放下工作，回到家鄉與家人團聚，想給自己一段時間好好思考沉澱。她說既然對混亂的心境感到無能為力，那麼至少要把自己放入對的環境裡，清空自己，有時是為了更完整的找回自己。

兩個多月後，我收到她從遠方傳來的訊息：

「回家的這段時間，我好像恢復記憶了一樣，記起被遺忘許久的初心。我是誰？從哪裡來？想抵達什麼樣的地方？突然都清晰了。家人純粹的愛，也讓我發覺幸福其實很簡單，不是你爭我奪，也不是一味討好，而是在彼此信任的平等基礎上互相關愛，簡簡單單地過日子。如妳所說，習慣與時間無關，有些事，抽離了才看得清楚。感謝回憶的傷疤，是它讓我成長。」

「這個傷疤已修復成重生的記號，多麼值得驕傲。」我帶著微笑回覆，抬頭看著蔚藍的天空，想著此刻，她的世界應該也是一片晴朗。

驕傲的傷疤是勇敢的記號。每個有故事的人，或許都經歷過那麼一段路，要流著淚、咬著牙走過，其中的冷暖肆虐只有自己明白。所幸生命不會讓我們白白承擔聚散離合的狼狽，必會在與自己久別重逢的和解中，發掘照亮餘生的寶貝。

finding you

需要你拚了命去愛的人，
通常只是過客。
真正在乎你的人，
不會忍心讓你愛得這麼卑微。

就算沒有變成更好的自己也沒關係

不是每一道傷痕，都必須換算成獲得，壓榨出符合進化的成長才稱得上值得。

就算沒有變成更好的自己，也沒關係。

即使超載的心，使你暫時變成連自己都不喜歡的模樣，也請相信黯淡的日子終會過去，而有時真正能使生命明亮的，不是學會與傷痛共存，而是與脆弱共處。

疼痛不是為了鍛煉出更堅強的皮囊，反而是讓我們有機會能好好認識自己的脆弱，並學習如何善待它。

你已經夠堅強了。

比蛻變更美好的獲得是恢復。比起努力成為更好的人，或許我們更需要成全真實的自己，一邊練習接納真實中的不完美，一邊擁抱著真實的脆弱。

老情人

他們之間沒有來不及的遺憾，
而是在一起的每一天都愛得不留遺憾。
他們是那麼用心、精心地愛了對方一輩子，
我常在想，這或許就是永恆的愛。

四月的黃昏，夕陽從玻璃窗外斜斜地灑了進來，在褐色地板上投下一圈金黃色的光環。這是一家在地圖上搜尋不到的古蹟咖啡店，承載著珍藏百年的歷史，隱身在溫哥華市的沿海住宅區中，默默用不變的情懷，守護一座多變的城。

我和她面對面坐在靠窗的角落，討論著下一季雜誌企劃的「老年婚紗」攝影主題。她是這個企劃的主攝影師，擁有多年為長輩拍攝婚紗的經驗，也是少數素

以溫柔擁戴
你的
獨一無二

未謀面便與我們達成合作共識的工作夥伴。也許是有幸先認識了她的作品，才認識她的人，反而多了一份莫名的默契，因為喜歡上了她眼底的世界，也理所當然地喜歡眼前的她。

我翻閱著她所拍攝的照片，一張張在世界各地捕捉的故事感影像，用歲月的痕跡素描出深邃的愛戀。此刻這棟老宅咖啡廳的復古氣息顯得更加應景，懷舊的氣氛拉近了時代的距離，使眼前的畫面更加雋永動人。工作內容討論完畢後，我們在沉穩的咖啡香氣中，傾聽著縈繞耳旁的悠揚鋼琴聲，暢談起彼此對於工作的理念和熱情。

「妳相信有永恆的愛嗎？」她的問題和她的作品一樣，總是以最直白的方式，切入人內心深處最柔軟的部分。

「妳對永恆的定義是什麼？」我反問。

「一生，或者更久。」她瞇起細長的柳葉眼，沉思地說。

「相信，因為愛或許是唯一可以存活得比生命更長久的東西。」生命是有限的，但愛卻能把有限的生命，帶入無限的永恆裡。就算相聚的時光都散盡，記憶也變得模糊，愛與被愛的點點滴滴已然悄悄化為塑造心靈的養分，寄生在環環相扣的故事裡，不斷延續。

「我也相信，雖然有時候，我會覺得現實似乎總是與信念背道而馳。就像我，明明從事著大家眼中最浪漫的職業，見證了無數白頭偕老的愛情，但在現實生活中卻過著完全相反的人生，是個婚姻裡的失敗者。不過有些事就是這樣，就算自己不曾擁有，也還是願意固執的相信。」她灑脫地說，隨手撥了撥俐落的短髮，墨綠色的髮絲掀起一層層碧波蕩漾。

「為什麼？」我下意識地問。

「他不愛了，強留也沒什麼意思。我們結婚得太早，或許應該說，太衝動。有一天，他在桌上留了一份簽了字的離婚協議，沒交代別的，就這樣離開了，我從此沒再見過他。這段婚姻失敗得連個像樣的結局都不配擁有。不過這樣的遭遇在比利時也不算稀奇，畢竟我們來自全歐洲離婚率最高的地方。」她自嘲地說，把一段刻骨銘心的經歷，濃縮在短短幾句話裡草草帶過，她的眉宇間閃過一絲心痛，又迅速地消失在雲淡風輕的笑顏裡。

我一方面心疼她的堅強，另一方面難掩自己的不知所措，因我本無意碰觸她的過去。「對不起，其實我原本只是想問，為什麼妳還願意相信永恆？」我慌亂地解釋。

「喔！我也不知道，就覺得真理似乎就是堅持相信對的事，不管生活帶給妳多大的嘲諷。我離開比利時後，到世界各地拍攝過很多對老夫妻，也聽他們說了很多故事，妳知道，其實不管跟哪個國家的老人家相處，最好的方式就是傾聽。他們常說，年輕的時候身外之物有的不多，機會和資源也很缺乏，但是卻更懂得把身邊的伴，當作最珍貴的擁有。日子簡簡單單地過，只要一家人能平平安安地守在一起就是最大的幸福。他們也就這麼守了一輩子。」她的思緒好似浮沉在輕霧裡，感性地說：「我覺得這可能就是愛的真諦，至少這樣相信，會感覺比較幸福。」

「是啊，無論哪個年代，愛都是一個勇敢的選擇，而婚姻，大概就是一輩子不斷重複選擇為同一個人勇敢。在意見不合的時候選擇愛、精疲力盡的時候也選擇愛；而你心裡也能踏實地相信，不管自己可不可愛，都是被愛的。」我微笑著說。

「我聽得出來，妳和妳的先生應該也是很用心經營婚姻的人。」她露出了溫柔的笑容，繼續說：「這樣細水長流的安全感，是我內心最渴望的，也是我透過影像想要傳遞的。」她邊說邊打開桌上的一只木匣相本，取出其中一組黑白照，愉悅地與我分享照片裡的故事。

那是她早期的作品，雖然與後期代表作的成熟風格有所不同，卻一直被她珍藏在作品集當中。她說拍攝當天是這對戀人結婚六十三周年的紀念日，他們給彼此的禮物，便是一起拍攝一組婚紗照，和舉行一場婚禮誓言的更新儀式。相隔六十三年後，他們再次為對方寫下誓言，做成一封手寫的情書，留做永久的紀念。

當他們在儀式中唸情書給對方聽的時候，身為攝影師的她躲在相機背後感動得熱淚盈眶。情書的內容雖然是以生活化的幽默口吻，敍述著他們從相識到結婚生子的趣事，但她卻被其中真實的喜怒哀樂、摩擦、挑戰和無盡的包容深深觸動。

「老爺爺對老奶奶說，她絕對是這輩子最愛跟他吵架的人，卻也是唯一能讓他越吵越想要好好珍惜的人，因為他們吵架的目的從來不是為了輸贏對錯，而是為了讓關係更親密。老奶奶則說，感謝老爺爺的愛讓她明白，使愛情永久保鮮的不是完美的形象，而是完全的接納。」

這對相守了一輩子的老夫妻堅信，再穩定的關係都需要持續精心經營。健康的婚姻不能只求「愛的剛好」來維持和平共處，而是雙方都要不斷努力「愛的更好」，才能在多變的歲月中，守護不變的心。所謂的不離不棄，承諾的不是相安無事的陪伴，而是相愛無私的守護，包括無私地破碎和重建自己，來使關係更健康。有些割捨，為的不是教會我們怎麼放手，而是學會如何將牽手的時光走得更綿長。從一天、一年、到一生，他們感恩彼此不只是值得愛的人，更是同樣願意用心經營婚姻的伴侶。

「在我拍攝的老年婚紗作品中，最受大眾矚目的往往都是一些描述生離死別的畫面，包括病床前的婚紗照，和最後的牽手等等，但這組看似平凡的誓言更新儀式記錄，卻是帶給我個人感動最深刻的作品，因為他們之間沒有來不及的遺憾，而是在一起的每一天都愛得不留遺憾。他們是那麼用心、精心地愛了對方一輩子，我常在想，這或許就是永恆的愛。」她感慨地說。

「也因為有妳的堅持，才能讓他們用生命寫了一輩子的故事，被這個世界看到。」我真摯地說。

「攝影這一行，有很多市場定位更有前景的發展，我也曾經做過時尚和娛樂圈的攝影，但老年婚紗這個小眾領域所帶給我的快樂，真的遠遠勝過其他。有時候我甚至覺得，這份工作時時刻刻在治癒著我。當身邊所有的人都不理解我的時候，只有透過鏡頭裡的故事，能讓我感受到被肯定。我所追求的會不會太過於平凡？」她的問句裡帶著自嘲的味道，眼神裡卻閃耀著炙熱的光芒。

「不凡的人生，往往藏在最平凡的信念裡。」我說，由衷地欣賞眼前這位勇敢的攝影藝術家。每個人的生命中，都有不好過的坎，但能夠一腳踏在荊棘裡，一邊不放棄眺望美好遠景的人，卻是少數。她的心裡彷彿有一座花園，含苞待放時遍地馨香，有源源不絕的生命力，為了愛綻放，也為了愛等待。

「其實我最近偶爾會有放棄這份工作的念頭，因為已經好幾個月沒有接到合適的案子了，生活過得有點辛苦。今天早上有一個西雅圖的餐廳老闆找我去為他的爺爺奶奶拍攝婚紗，因為地方有點偏遠，離市中心有段距離，我本來不想去的，但是現在想想，去散散心似乎也不錯。」她嘆了一口氣，輕輕摸了一下身旁的相機，微笑著說，「我會再試試看，畢竟能做自己喜歡的事，為自己所相信的盡一份力，也是一種幸運。」

「我好像更明白為什麼妳的作品這麼動人了，因為妳不是用技術去美化影像，而是用影像來詮釋妳所相信的事。妳比所有觀眾都先相信了那些畫面中的情感。妳不只有美學的眼光，更有相信美好的能力。」

「謝謝妳，我自己都沒有這樣想過。」她訝異地說。

「相機只能拍攝出攝影師眼中所看到的情感，但有些情感，只有相信愛的人才看得到。」在她背著相機走出咖啡店之前，我發自內心地這樣對她說。

數月後，她帶著在西雅圖拍攝的新作品來找我，相本裡滿滿都是幸福的笑臉。她告訴我那是她去過最純樸，也是最溫暖的小鎮。在附近居住的家庭都很熱情，一聽說有攝影師來，紛紛邀請她到家裡幫長輩拍照，原本只打算停留三天的行程，竟然就這樣延伸成兩個星期的旅程。

她說邀請她前去拍攝的餐廳老闆，跟她很談得來。她在描述他的時候，表情有微妙的改變，像極了她作品中那種內斂的光芒。我沒有多問，只是在心中默默地祝福她，她值得擁有屬於自己的幸福，在平凡的溫度中，活出沸騰的信念。

勇敢不是無所畏懼，而是在受傷後仍選擇相信愛，在泥濘中也看得見美景。

我們能有不凡的韌性，是為了守護心中那座灑滿陽光的純淨花園，而那些值得我們傻傻相信的美好，定會成為引領我們勇往直前的力量。

finding you

時間不會因為誰的腳步
而變得緩慢，
卻會因為誰來過而得以圓滿。
填滿生命的從來不是時間，
而是愛。

以溫柔擁戴
你的
獨一無二

靈魂伴侶

在他們相互牽引的內心世界裡，
沒有時過境遷的淡漠，只有雋永綿長的溫度，
每一個紀念，都是記憶猶新的眷戀，
每一次接觸，都是始終如一的歸屬，
即便物換星移，年華輕彈，也能找到彼此眼中的星辰大海。

「復合是不是一件很沒骨氣的事？」她望著眼前一望無際的大海，飄忽的眼眸裡漾著輕霧。

「跟對的人復合是勇氣，跟錯的則是自我放棄。」我直率地說。分手究竟意味著放棄還是等待，只有當事人心裡明白。錯過的，值得擁有第二次機會，但過錯

的，則沒必要帶來二度傷害。

「當初走不下去，或許已經說明了我們並不合適。」她眉頭微蹙，語氣裡卻聽不出一絲對過去的埋怨，只有酸楚的思念，說出的話語明明是肯定句，口吻卻更像是在試探其他的可能。

「所謂的不合適，有可能是一輩子，也有可能只是一陣子。」我靜靜地說，心想有多少人為了愛拚盡全力，卻終究無法改變現實的殘酷，眼睜睜看著一段故事，輸給了時間、地點、文化等故事背景。

「聊聊你們的故事？」我鼓勵地說。

「我們認識時才十七歲，他是我的同班同學。」她下意識地咬緊嘴唇，在回憶裡溫習著青春所承載的狂熱與刺痛。「我們原本是打打鬧鬧的好朋友，後來越走越近，慢慢成為能分享心事的知己。但是，我們的家庭環境相差很大，似乎也註定了未來會分道揚鑣。」

「十七歲，確實有太多無法自己決定的事，有時候甚至連勇敢的權利都沒有，唯一的選擇，只有默默接受，接受所有的安排，也接受所有的失去。」我回想起純粹與複雜共存的青少年時期，忍不住有感而發。那在大人眼中懵懂無知的青蔥歲月，其實或許正是我們一生中活得最認真的時刻。只可惜有太多精緻的夢想，被當作不切實際的妄想，單純的付出，被視為理所當然的附屬。

她說，十七歲的她從沒想過，一時的身不由己，竟可能成為一生的遺憾。他們在一起後沒多久，她的父母離異，定居於舊金山的外公外婆，希望把她和母親接去國外就近照顧，但出國對於當時正計劃著高中畢業後便要開始找工作分擔家計的他來說，是多麼遙不可及的一件事。他們面對家庭的困境，各有各的不知所措，而面對這段感情，則是同樣的無能為力。於是他們自然而然地退回朋友的身分，開啟了各奔東西的人生。

當她向我描述起這段以勇氣開始、以默契收場的初戀，姣好的臉龐被夕陽染上一層橘紅色的微光，單純炙熱的眼神彷彿還是那個稚嫩的少女。

「後來呢？你們就這樣維持朋友的關係十幾年？」我問。

「是啊，而且是無話不談的朋友，什麼都談，就是絕口不提當年相愛過的點點滴滴，可能是潛意識裡不想把對方定位成前男女朋友吧。我回國後，我們有空就會聚聚，聊聊彼此的近況，看看小時候的夢想實現了多少。很奇妙的是，這幾年來我們明明在不同的地方成長，生活和工作都沒有任何交集，但相處起來的感覺還是那麼契合。原本我以為自己念念不忘的是學生時期的單純，但如今一切都變了，這份微妙的默契卻始終沒改變。」她說。

生命中大多數的夥伴，都是因際遇而相聚，在共同的環境或群體中，經營深耕彼此的關係，只有少數人有幸能因靈魂而相繫，無論身在何方，心靈可以安歇的居所，始終都在彼此身旁。我想這就是所謂的靈魂伴侶，在他們相互牽引的內心世界裡，沒有時過境遷的淡漠，只有雋永綿長的溫度，每一個紀念，都是記憶猶新的眷戀，每一次接觸，都是始終如一的歸屬，即便物換星移，年華輕彈，也能找到彼此眼中的星辰大海。就像她和他，繞了大半個地球，心也從不曾走遠。

「那復合的事怎麼說？」我問，忽然想起她方才提到有關復合的問題。在聽完他們的故事後，我的語氣中難掩心中的惋惜。

「我一直以為放不下的人只有我，一直到上個月，我們出來吃飯慶祝他升職，他突然提了復合的事，我才發現原來他也同樣從未忘記。他說他一直在等待，等工作上軌道，等家裡的債務還清，等他再也不需要因為生活中的無可奈何，而放開不想放開的手。他不想讓他的負擔，也變成我的負擔。」她的眼裡泛起了淚光，輕聲地說：「我有點被失而復得的幸福嚇到了，不知道該怎麼反應。我擔心如果我們重新在一起，有一天會不會再次無聲無息地分手？當朋友，至少我永遠不會失去他。」

「不要害怕，妳已經不是十七歲的妳，這一次，妳有能力選擇勇敢。」我說。心裡的遺憾一下子被暖流包覆。他一直以初心的模樣，守護在她身旁。所幸，時間能推著我們長大，也能償還那些來不及長大的夢想。

從小到大，我們都被教導要勇敢，但卻從來沒有人告訴我們勇敢和堅強的區別。於是我們在成長的碰撞中，鍛鍊出「堅強」的軀殼，以為忍得住疼痛、扛得了壓力、擔得起責任，便是勇敢的表率。直到我們學會活得對得起全世界，卻唯獨不懂得如何為自己的人生做選擇，才發現其實我們好像只學會了堅強，而並沒有想像中那麼「勇敢」。

堅強是一種能力，而勇敢卻是一個選擇；堅強就像是光腳踩在鋪滿尖石的路上，一步步磨練出剛硬的韌性，而勇敢，則是選擇自己想走的路，是那踏出第一步的決心，和每一步征服己心、不放棄的決定。堅強面對的是世界，勇敢所面對的卻是自己。

那天傍晚，我們小敍後沿著灑滿月光的半圓海岸，漫步走在銀白色的沙灘上，奔湧的浪花在晚風輕拂下逐漸沉靜了下來。每一個生命中的足跡，都是為了帶領我們勇敢前往更美好的地方，越走越認識心之所向的景象。

「復合」兩個字當中，「恢復」只是一個過程，「合一」卻是心對心的承諾，和不離不棄的選擇。如今，她終於能穿越深邃的時光，勇敢面對自己的真心，擁抱她生命中的靈魂伴侶。

finding you

比久別重逢更美好的遇見，
是發現原來我們的心從未走散。
時光終會蘊育我們成為更好的自己，
去緊握不想放開的手。
當上帝慷慨賦予我們第二次機會，
不是為了彌補過去的錯，
而是為了用愛填滿未來的朝朝暮暮。

以溫柔擁戴
你的
獨一無二

南笙星海

她對待自己就像看待一場表演，
以能力和表現來定義生命的價值，
直到南彥不厭其煩地一次次在她最自卑的時候肯定她的身分，
愛她的不可愛，讓她忍不住想窺探他眼中的那個她，究竟是什麼模樣？
她想認識他的認定，那份他口中始於初見、止於終老的深情，
和哪怕不顧一切都要共鑒此生的選擇。

攝影棚內斑駁的復古灰牆，在自然光的照耀下浮現出一道道充滿故事感的手刷紋理。花藝師正忙碌地將沾著露水的花草修剪排列，在素牆上勾勒出生命綻放的輪廓，以森林綠和薑黃色做配搭，創造出清新又溫暖的英倫田園風場景。

若笙安靜地坐在窗前，一束陽光被純白窗紗過濾後，柔和地將她環繞。一頭蓬鬆的微捲髮慵懶地散落在鎖骨上方，與她身上那件露肩婚紗的飄逸感完美結合，襯托出輕靈動人的氣質。

窗外吹來一陣涼風，她下意識地聳了聳肩，伸出手，想將身下的輪椅向後移動。

「我來吧。」南彥從她身後走來，邊說邊熟練地將大手覆蓋在輪椅的把手上，輕輕將她推到沙發旁，把一席絲巾裹在她的肩頭。

若笙望著西裝筆挺的南彥，輕聲地說：「終於等到這一天。」

「終於等到這一生。」他笑著回應，凝視著她的眼神裡滿是寵溺。五年的等待，終於換來一生的陪伴。

在開始拍攝婚紗照之前，他們敍述起兩人一路走來的點點滴滴。從說不出口的喜歡，到不離不棄的守護，她是他甘願流浪的奔赴，他是她生命中最綿長的溫度。

若笙從小便是極具天賦的舞者，對舞蹈的熱愛也使她立志要成為一名國際職業舞蹈家。她從來沒有質疑過這個夢想，也時刻鞭策自己要努力練習，儘管為了練舞，她放棄了一般女孩在童年和青春期所嚮往的休閒時光，日復一日在身體的極限邊緣孤軍奮戰，多少次跌倒了，再滿身是傷地爬起來。她的付出換來了恩寵的眷顧，十二歲時被舞蹈學院破格錄取、十五歲開始代表國家到世界各地參加比賽，年紀輕輕便成為許多知名團體的御用編舞老師。

若笙十八歲那年獨自離開首爾到倫敦進修，因為不想入住宿舍，她在學校附近找到了一個亞裔寄宿家庭，而南彥，便是寄宿阿姨的兒子，比她大兩歲，剛巧也在同一所藝術大學裡主修音樂。

南彥初次見到若笙時，便覺得這個女孩美得好精緻，舉手投足間都充滿著天然、毫不費力的優雅氣質，卻也有種說不上來的距離感。她的眼神清亮，好似燃著星火，但表情和態度卻異常冷漠，對身邊的人事物漠不關心，只有談到舞蹈時，會突然露出孩子般純真的笑容。

若笙對南彥的第一印象並不深刻，只覺得他跟自己不是一路人。相處數月後更是看不慣他過度灑脫的人生觀。他的人緣很好，很懂得享受生活，樂於嘗試新鮮的挑戰，從不被紀律限制。開朗樂天的性格讓他彷彿連遇到挫折時，都可以自得其樂。他的臉上時常掛著一抹玩世不恭的笑容，明明比她大兩歲，卻活得那麼輕盈，那麼豁達，那麼有溫度。

寄宿家庭是個可愛的地方。一群來自異鄉的年輕人在寄宿阿姨的細心照料下，感受到前所未有的溫暖，即使文化不同、語言不通，仍自然而然地建立起家人般的革命情感。他們在各自的領域中努力，雖懷抱著不同的夢想，卻同樣背負著來自家鄉的期待。他們迫切地想融入異鄉，獲得接納與肯定，卻也熱烈地思念著家鄉無可取代的歸屬感。寄宿家庭成了這群少年在飄泊中得以停靠的港灣。而南彥，也在朝夕相處的時光裡，成了若笙最親近的朋友和最忠實的觀眾。每天傍晚，他都會在學校陪她練舞，直到夜深了，再騎著單車載她回家。

每當若笙問他：「你今天沒其他事？」

他總是淡淡地回答：「沒什麼更重要的事。」

在他心中，外面的世界再精彩，都不及她眼底的星海。她註定將成為舞台上最耀眼的星星，但在這五十平方米大的練習室裡，她只為他一人閃耀。

當節奏從她身體的各個細胞奔湧而出，他總能聽見靈魂撞擊的聲音。他隨著她腳尖的節拍，偷偷在心裡譜下曼靡的詩歌，在被賦予旋律的文體中，無數次纏綿地告白。他感受自己如同被馴服的音符，溫柔地臣服在愛的羈絆下。飛揚的是她輕雲般的舞步，旋轉的卻是他熾烈的心。

他始終以室友的身分，小心翼翼地守護著她，從不奢望越界。他知道她遲早會離開，因為她心中唯一的奔赴，是愛情所望塵莫及的遠處。

這樣單純美好的日子維持了一年半之久，直到若笙完成學業返回家鄉。學成歸國後，雖然偶爾會想起在倫敦的回憶，但忙碌的巡迴表演使她無暇思念，甚至在複雜的名利關係中，逐漸分不清自己用青春刻劃出的究竟是夢想的吻痕，還是歲月的年輪。所幸在她內心深處，始終珍藏著那在舞蹈練習室裡，真摯守護著她的目光，成為慫恿她勇敢前進的力量。

回國半年後，在一次意外中，若笙不慎從兩層樓高的舞台上跌落。場地設置上的疏忽，使她摔落後下半身陷入技術器材中動彈不得，待團隊將她搶救出來時，已造成無法根治的永久性傷害。手術後，她拚了命地積極復健，天真地以為只要雙腳還在，就一定能恢復，就像她從小到大對自己的要求，只要夠努力，就能舞出新生。但當她發現自己的腿部神經已損壞到完全不聽使喚的時候，便瞬間被氾濫成災的絕望感淹沒。她可以忍受錐心刺骨的疼痛，和遍體鱗傷的不堪，卻無力喚醒日漸麻木的軀體。

公司希望若笙能到加拿大接受復健治療。這樣的安排令她感到彷彿被隊友刻意隔離，因為沒有人知道該如何面對她的殘缺。她覺得自己是個被夢想拋棄的人，而可笑的是，此刻她才意識到，原來除了夢想以外，她的人生竟一無所有。她在受傷後看盡人情冷暖，昔日的掌聲和光環，如今都顯得虛假黯淡。她決定順從公司的安排，藉此機會遠離這個殘酷的世界。她斷絕了與外界的聯絡，和母親在溫哥華的復健治療所附近租了一套小公寓，徹底把自己千瘡百孔的心藏了起來。

若笙抵達溫哥華後的第七天，南彥來了。

那天復健結束時已是傍晚，她拖著疲倦的身軀準備離開診所，突然想起在倫敦求學時，每天的這個時間，正是她踏入舞蹈室要開始練習的時刻。她搖搖頭，努力把擅自造訪的回憶甩掉，將輪椅緩緩移至門口，還來不及開門，就隔著玻璃窗看見了一個久違的身影。南彥佇立在楓樹下，腳底遍地落葉，眼底滿是溫柔，他風塵僕僕為她而來，在赤紅色的秋雨中展開了溫煦的笑顏。

她百感交集地注視著他，低聲地問：「你為什麼在這裡？」

他只淡淡地給了她一句熟悉的回應：「因為沒什麼比妳更重要的事。」

南彥搬到了若笙家附近，就近照顧她的起居，每日陪她去復健治療。然而對若笙來說，比起身體的殘缺，更令她痛不欲生的是內心的傷痛。她在一夕之間失去了生命的意義，從高高在上的雲端跌入漆黑的谷底。她的心弦緊繃，時刻在崩潰斷裂的邊緣拉扯，她變得易怒、極端、焦慮，對生活失去盼望，甚至時常克制不住想尋短的念頭。多少次她聲嘶力竭地請求南彥離開，她咒詛自己的殘疾，說自己已經不再完美，不值得他放下大好前程，陪她禁錮在一個看不見未來的黑洞裡。

南彥總是心疼地望著她，從容地說：「無論未來怎麼樣，我只知道妳不會是孤單的，因為我想陪妳一起走。沒有人是完美的，但只要妳是妳，那就夠了。」

慢慢的，她開始相信，即使她不再飛舞，仍有一顆炙熱的心時刻在為她旋轉。有時候我們要放下對完美的惦記，才能找到完整的自己。離開了舞者的身分，她在愛的陪伴下學習重新認識自己、接納自己，一點一滴找回被堅韌歲月掩蓋的柔軟，再從柔軟中提煉出綿長的勇敢。

若笙說，她在受傷後才發現，其實以前的她並不知道如何愛自己。她對待自己就像看待一場表演，以能力和表現來定義生命的價值，直到南彥不厭其煩地一次次在她最自卑的時候肯定她的身分，愛她的不可愛，讓她忍不住想窺探他眼中的那個她，究竟是什麼模樣？她想認識他的認定，那份他口中始於初見、止於終老的深情，和哪怕不顧一切都要共鑒此生的選擇。

愛有一個很簡單卻時常被忽略的先決條件，就是必須先有認識，才有認定。在愛一個人之前，我們需要先認識他，先看見他的特別和美好，然後接納他的軟弱和稜角，其實與自己相處亦是如此。愛自己的第一步，便是花時間好好認識自己，與自己建立親密的關係和信任感，透過有品質的獨處時光，來發掘自己身上的光。

南彥給若笙的，是不張揚的陪伴和始終不渝的欣賞。他從不催促她從憂鬱中走出來，只希望能陪她一起走下去，無論在高山或低谷，他都能看見她的珍貴。沒有人有能力賦予另一個人價值，但愛卻足以傳遞一份訴說著「你值得」的信念，讓我們能沿著這份信念，看見自己獨一無二的身分，找回原本就屬於自己的寶貴價值。唯有活生生的愛，能使消耗殆盡的心死而復活。在南彥眼中，所謂完美的定義，就是完整無缺的靈魂，需匯集喜怒哀樂的洗鍊、容納軟肋與鎧甲的共存，收集傷疤與足跡的印記，和擁抱價值與信念的歸途，才稱得上完整。

「離開倫敦對我來說並不難，我什麼都捨得，就是不捨得讓她孤單。」南彥在故事敍述到尾聲時，語重心長地說。

現場的工作人員都沉浸在他們的故事裡，沒有人開口回應，但每個人都濕了眼眶。最令我們動容的不是故事的情節，而是說故事的這對新人，是那麼真實地相愛。他們相互凝視的每一個瞬間，都流露出細膩如詩、深邃如海的默契，是那樣的內斂自然，又那麼的毫無保留。觸動我們的，是難得的經歷，但使我們信服的，是從經歷中獲得的關係和生命。

若笙說，她受傷後曾一度以為人生中唯一的完美結局，便是能從輪椅上站起來，再次像過去那般翩然起舞。但如今，她在自己預設的完美結局以外，看見了更美好的可能，那便是牽著南彥的手，一起去創造屬於他們的人生。比起把終點拉回到原點，或許更幸運的是能有一個新的起點，並且確信，無論終點在哪裡，都有人願意陪妳一路走到底，把抵達遠方的目標，走成不想結束的旅程。

在我們結束一整天的拍攝後，南彥和若笙興奮地告訴我們，他們夢想的新起點，是一間溫馨的舞蹈治療室，由南彥負責音樂製作，若笙帶領舞蹈治療師團隊，透過舞蹈藝術和身體動作，來幫助人們紓解情緒、表達自我，和修復心理及人際關係上的健康。如今對他們而言，專業最大的意義，便是能將一生所學轉化成幫助社會、建造生命的力量，不只提供核心知識，更是分享核心價值。若笙終於無需再遍體鱗傷地追求卓越，而是在反璞歸真的身分中成為卓越，不再傾倒青春去證明自己的能力，只願珍惜歲月去點亮更多的生命。

那天傍晚，若笙捧著薑黃色的花束微笑與我們道別，南彥在她的背後，用溫柔的守護撐起一整片森林。綻放的飽和色彩，宛如這段開花結果的愛情，盛開的是繁花似錦的深情，結出的是向陽而生的果實。他們的身影越走越遠，帶著歷久彌香的蜜意在清歌曼舞中飛揚，將身後的光影拉得深邃綿長，留下一股暖流常駐在我們心房。

finding you

最好的情人是不離不棄的夥伴，
默然守護你眼眸中明亮的信仰，
只願你活出名為真我的靈魂。
我能坦然擁抱脆弱與成敗，
在不完美中找到心靈最舒適的姿態，
都是因為有你在。

容納一個你

我寧願忍受沸騰椎心的痛楚，
也不願放你獨自一人，
在寒冷無光的歲月中流浪。

用力揉碎自己的心，
再用全部的溫柔蓋起一片新天新地，
而這一切的一切，
都只是為了完完整整地容納一個你。

你的高山與低谷都必須有我，
必須有我。

成熟的愛，使我們成為更健康的人

愛值得我們成為更好的人，一起修練出建造健康關係的能力，把想愛的人愛好，讓牽手的日常成為我們守護一輩子的時光。然而，看似不經意的幸福，往往來自背後不容易的經營。幸運表象的背後，需要兩個同樣用心的人，願意用「我」的柔軟交換「我們」的堅韌，為了能更勇敢地守護一個人，而願意使自己傷痕累累的心變得柔軟，因為唯有當我們願意不斷努力學習如何愛得更健康，才能好好牽住那雙無論如何都不想放開的手。在成熟的愛情觀下，我們可以嘗試為愛做這些事：

1. 溫柔地表達和交換內在需求

認識自己的內在需要，並學習如何溫柔地表達這些需求（而非要求）。在表達後，耐心地給予對方時間去學習如何溫暖你的需要，也同樣關懷對方的內在需求。

2. 時常給予對方具體的肯定和感謝

給對方的肯定不只要慷慨，更要具體。

慷慨會這麼說：「謝謝你所做的一切。」

具體會這麼說：「謝謝你在（哪些）方面為了我的付出，讓我感到（描述感覺），也讓這件事情變得更好。這正是我最需要的，真的感謝有你。」

實際看見對方的心意或行動，並說出他的付出所帶給你的感覺和影響，以及如何滿足了你的需要。

3. 健康冷靜的溝通

不期待對方能讀你的心，或和你擁有一樣的思維，練習以清晰的溝通取代模糊的情緒。在面對衝突時，避免以暫時性的情緒做出永久性的決定。

4. 尊重界線

給予對方一個能說「不」的安全空間，也真實勇敢地堅持自己的界線。

5. **保持禮貌**

越重要的人越應該被尊重，越親密的關係越值得禮遇。唯有感受到被尊重的另一半，才有可能長久甘心樂意地接納你的脾氣與任性。

6. **學習接受和提出回饋意見**

給予對方和自己「說實話」的安全感。接收到負面意見時不急著解釋或否認，提出意見時能具體且不帶針對性的描述，並有智慧地提出解決方案。

7. **照顧好自己的身心靈**

擁有自己的生活，勇於承擔自己的過去、現在和未來；必要時包括釐清自己的家庭及童年，如何影響你在親密關係中的表現。

8. 擁有完整的人際關係

在愛情之外仍擁有屬於自己健康的社交圈，擁有值得你用心經營的友情和親情。

CHAPTER THREE

是你用
強烈的親密
賦予我
獨立的勇氣

浪潮

這些年來，我從未聽她分享過夢幻勵志的成功哲學，
只有一章章從專注樸實的生活中萃取出的人生學。
忠心守好一間店、用心顧好一個家、盡心培育好下一代，
這就是她在光鮮亮麗的婚紗和高訂禮服企業背後，
腳踏實地奮鬥了三十幾年的真實人生。

「以色列人取名字很注重含義，像我的名字，在希伯來文原文裡的意思是海浪，所以妳看，我好像真的一生都過得不太平靜，不過海浪再怎麼翻，也翻不出大海，離不開我的家。」

她多年前的這番自我介紹，至今仍令我印象深刻。起初，我只覺得她所描述

THREE

真正的夢想
不是
波濤洶湧時
奔騰的
一腔熱血
而是
風平浪靜中
仍跳動不息的
脈搏

的文化信仰很有深意，一個人對於自己身分的認知，可能影響一生的際遇。後來，在與她共事的歲月裡，我見證了她的生命故事和企業發展，才真正明白她話語中所承載的心路歷程。

二〇一四年秋季，剛開始接觸歐美新娘時裝週的我，和正積極開創國際婚紗市場的她，帶著各自的品牌和夢想，在紐約新娘時裝週開始了為期七年的合作關係。從紐約、巴黎、米蘭、安特衛普到巴塞隆納，她每一季的婚紗和高訂禮服作品，都成為我報導中的焦點，而在她華麗設計背後的真實人生，亦成為啟發我向前的力量，讓我體會真正的夢想，不是波濤洶湧時奔騰的一腔熱血，而是風平浪靜中仍跳動不息的脈搏。

她時常說，自己並不是一個在事業上特別有野心的人，否則也不會在家鄉固執地守著一間老婚紗店，一轉眼就這麼守了三十年，若不是她的孩子們長大了，提出向海外拓展的想法，也許她至今還在做著和三十年前同樣的事。

她最深遠的理想抱負，便是延續每一個小小的擁有，將真實的喜歡，培養成長久的陪伴。從一個出生於裁縫家庭的美術老師，到在特拉維夫街頭為當地新娘手製禮服的刺繡師，到今日作為一個國際婚紗企業的主席設計師兼領導人，她認為每個階段的自己，其實都在走著同一條路，並認真守本地把它走好。如今披戴在眾多好萊塢明星身上的婚紗禮服，均是她沿著初心的版型，滲入歲月洗鍊的工藝，一針一線編織出的雋永和美麗。

「這些年來不管在哪裡，我覺得我的工作都是一樣的，就是為每位客戶做出最能展現自信的衣服。很多人都覺得我設計的禮服很華麗、前衛、強調身材曲線，感覺很擅長用添加的點綴來達到視覺上的效果，但其實正好相反，我對於美的理解從來不是刻意的添加，而是沒有一個女人應該為了獲得別人的認可，而刻意去減少自己本身的光彩。」她聊起工作時一般都很理性，對於作品的介紹也總是簡潔帶過，這是極少從她口中聽到的解釋，和極為罕見的感性。

人們總說她的設計很大膽，但我想更貼切的形容詞應該是勇敢。她內心的使命，是透過幫助新娘恢復自信的本相，來詮釋出被社會文化壓制的真相——女性不應該需要降低自己的才能、縮小自己的美好，直到終於能將乖巧卑微的自己擠進傳統的標準裡，才值得被愛。她多年來一直努力透過作品在傳遞的，並非前衛的自我，而是還原的真我。挑戰真理需要膽量，但還原真相卻需要勇氣。

才華可以使我們備受矚目、獲得欣賞，但思想和信念的續航力，才能讓我們獲得尊重。最終，我們所相信的，才能帶領我們成為卓越。

時尚產業的複雜和高壓超乎外界的想像，而在這樣的領域中，往往越是抱持著堅定的使命感和價值觀，越難找到長久的工作夥伴，但令人讚嘆的是，她的團隊不只有卓越的能力，更有強大的向心力，我所接觸過的每位成員，似乎都懷抱著和她一致的願景和信念。

我曾請教她，如何找到與自己有相同的經營價值觀、能力上又能互補的人才？她謙卑地回答：「我身邊有很多設計師朋友，在這方面都有很棒的見解，跟他們比起來，我覺得自己只是比較幸運，因為其實我們公司一直到今天，都還是一個家庭企業，不管是禮服設計、製作、公關、行銷等等，一切你想得到的細節，都是由自家人負責，在自家工廠生產，所以別人是尋找人才，我則是相信自己養育的人，都必有獨特的才能，讓他們在對的位置上各自發揮就好。我實在稱不上是一個有謀略的老闆，頂多只能算是一個合格的媽媽和老師。」聽她分享這段話時，我腦海裡浮現與她初次見面的畫面，在紐約婚紗秀的後台，有別於其他嚴肅工整的主席設計師，年長的她捲起袖子和團隊裡的年輕人一起四處搬運物品的認真模樣。

「要將自己的孩子培養成人才，反而是更大的挑戰。」我感動地說。

「我想大部分的父母都知道，你選擇讓誰影響你的孩子很重要。但奇怪的是，許多家長願意千方百計將孩子送進名校，交給風評好的師資去影響，卻不願意自己成為那個對的人。小孩子需要陪伴，年輕人需要模範，他們最不需要的，就是高高在上的評論家。」她語重心長地回應。父母對孩子最有效的培養，往往不是靠教導，而是靠影響，教導只需要權威，影響卻需要親密的關係，親密到足以凝視孩子的獨特性，觸摸他們內心的信念和價值。

每次與她對話，我都能從她的身上感受到一種從容的堅毅，那是走過歷練，才能體現出的人生底蘊，承擔過重量，才能活出的輕盈。這些年來，我從未聽她分享過夢幻勵志的成功哲學，只有一章章從專注樸實的生活中，萃取出的人生學。忠心守好一間店、用心顧好一個家、盡心培育好下一代，這就是她在光鮮亮麗的婚紗和高訂禮服企業背後，腳踏實地奮鬥了三十幾年的真實人生。

「我的作品最重視的兩件事，就是品質和設計。品質方面，我們所製造的每一件高訂禮服，都需要至少一百五十個小時的裁縫時間，最大的特色之一就是精密的手工刺繡。說真的，若是沒有這幾十年來日夜不停的練習，特別是孩子們還小的時候，我每天一邊用雙腳推著搖籃，一邊雙手做著刺繡，也無法熟練掌握這門藝術其中的精髓。過去最辛苦、最看不見光的日子，現在回想起來，反而是我最應該感恩的時光。」她認真地說。

有些人一生都在追逐機會，把青春和才華看為稍縱即逝的恩賜，因為害怕錯過，而捨棄一切不停地追趕。有些人則選擇深耕機會，將時光當作一捲耐人尋味的藏寶圖，事業、家庭、自我，都是寶藏的一部分，要精心收集、管理，才能拼湊出完整的奧秘。每一段當下看似平凡的時光，都是寶藏圖上的一個定點，會帶領我們前往更美好的遠方，而這段時光裡的歷練，便是開啟下一份寶藏的鑰匙。

「至於設計方面，其實有時我會刻意不讓自己去研究所謂的潮流。年輕的時候，我覺得工作是為了生活，現在年紀大了才想明白，其實所有的工作都是來自於生活，所以我會從生活的角度去做設計，甚至跳脫禮服的範圍，從整體性的畫面開始構想。比如，在畫服裝的設計圖之前，我會先畫出模特兒的整體氣質，包括她的髮型、妝容、珠寶和高跟鞋等等，這些模特兒也不是憑空幻想出來的，她們可能是我接觸過的新娘，或者是我周遭的親友，甚至可能是某個時期的我自己。接著，我會根據這些靈感的線索去尋找獨特的布料和版型。」每每當她拿出自己收集的布料，分享著設計過程中的點點滴滴，她的眼裡總是閃耀著孩子般的光芒。

我喜歡她整全的設計視角，就如同她看待人生的眼光，永遠抱持著接納當下的從容，和探索未來的憧憬。她將對現實生活的體會，轉化為先鋒性的藝術，用她獨特的方式詮釋出女性的心聲和社會文化改革的思潮。或許正是因為她從不追趕流行，反而更能創造流行，在業界興起一波波令人驚喜的美學潮流。

真正的夢想
不是
波濤洶湧時
奔騰的
一腔熱血
而是
風平浪靜中
仍跳動不息的
脈搏

她在從心之年低調地將公司交棒給她的孩子們，由擁有科技背景的兒子、專精法律的女兒、跟隨她學藝二十年的學生，和一群傳承了她卓越手藝的裁縫師攜手延續這個美麗的傳奇。

在交接晚宴上，她安靜地凝視著在台上發表感言的接班人。從她的眼神裡，我看見一位領導者的信任和期許，也看見一位母親溫柔的榮耀。

當我向她遞上祝福，讚揚這段美好的傳承時，她輕聳雙肩，瀟灑又沉著地說：「妳看，擁抱和放手都是父母必須完成的任務。在孩子小時候，給他們完全的親密，等他們長大後，則要學會得體的退出。」我想，這一刻對她來說最欣慰、也最感慨的一件事，莫過於知道她的孩子們正走著她所走過的長路，但他們將會看見她未曾看見的世界。

在她以針代筆編織出的故事裡，再精彩的情節都不過是點綴，而她忠於自己被託付的每個角色、認認真真活出的生命，才是這個故事的骨架，撐起了一個家的傳承，和一座獨一無二的婚紗王國。

「我在偌大的服裝世界裡，選擇了婚紗這樣的利基市場，是因為我覺得相信婚姻，是一件非常勇敢的事。當一個女人穿上婚紗，她不需要登上伸展台的條件，卻需要一輩子和另一個人一起為人生打造一個伸展台的責任和勇氣，我認為建造舞台是比登上舞台更困難千百倍的事。我不敢說我的每一位新娘，最終都能過上像童話那般幸福快樂的生活，但我敢說她們都是公主，因為她們是勇敢的、獨特的、能承擔得起自己的決定，在我眼中這就是現實生活裡的公主該有的樣子。我的禮服所見證的不是幸福，而是創造幸福的勇氣。請你們，繼續做那個為他人披戴勇氣的團隊。」這是她在職業生涯裡，最後一次以執行長的身分分享的心聲，在鞠躬道別後，她在掌聲的環繞下瀟灑離場，留下了始終如一的初心。

她帶著堅定的信仰在洶湧的人海中，與無盡的可能性共舞，編織出一波波為真理而存在的潮流。她潛入深處、漫過深淵，捲起被歲月悄悄供養的寶藏，把一段傳奇的落幕兌換成世代傳承的源頭。她的名字是海浪，一生眷戀著她的家。

真正的夢想
不是
波濤洶湧時
奔騰的
一腔熱血
而是
風平浪靜中
仍跳動不息的
脈搏

finding you

不管你走得多遠，
家都是永遠離不開的牽掛。

拜別

有時候童年時期最深的傷害，
未必來自那些添加在身上的對待，
而是始終臨不到我們身上的缺席的愛。
原諒和釋懷或許能幫助我們慢慢卸下那些添加在身上的重量，
但我們無法拿走自己不曾擁有過的東西。

婚禮彩排前夕，她站在新娘預備室的鏡子前，望著被象牙色柔光環繞的自己，深邃的五官明亮動人，不安的眼神卻難掩黯淡的心事。

能為相識十幾年的她策劃這場婚禮，本該是一件充滿喜悅的事，但此刻的我卻感到有些沉重。我不斷思索著，是什麼樣的心情，需要讓她用如此哀傷的眼神審視鏡子裡的自己？她身穿一塵不染的白色禮服，緊鎖著焦慮的愁眉，像是在一個完美的狀態中，審視著自己的匱乏。

我想起幾天前，她曾憂心忡忡地提出想刪除婚禮流程中「拜別父母」的儀式，但礙於傳統和種種細節上的考量，至今仍下不了決心。婚禮即將在一個星期後舉行，想必她心中定為此事備感壓力。她的性格向來果斷，唯有在觸及家庭的事物上，會令她失去一貫的堅定。

「妳覺得拜別父母的儀式，真的可以刪除嗎？」果不其然，鏡子前的她忍不住開口道出心中的疑慮。

「其實一場婚禮最重要的，是保留生命中值得紀念的環節，包括收穫，或者突破。」我邊說邊順手幫她撫平微亂的薄紗裙襬。

「妳是知道的，我要是有勇氣面對他們，那倒真的是此生最大的突破，可是我實在不想在這麼重要的日子裡，去面對我們家那些複雜的事。是不是所有的突

THREE

在成為
大人之前
我們
不一定有幸能
好好
當個孩子

破，都需要撕裂自己？」她自嘲的語氣中滿溢出令人心疼的煎熬，夾雜著屬於舊傷口酸楚的味道，蒸發在佈滿玫瑰香味的房間裡，像深埋在秘密花園裡，一縷揮之不去的執念。

「我只知道，所有的冷漠都來自曾經炙熱的信念。」我鼓起勇氣說。

「信念？我不記得我們有過什麼信念，只有無止盡的爭吵和謊言。」她不假思索地回應。

「我說的是心裡的信念，就像小時候偷偷祈禱著家裡能不再有爭吵的孩子，一次次失望卻還是對父母所說的話深信不疑，就算是聽了好幾遍的謊言，也還是在心裡想著：『只要是你說的，我都相信。』」我感慨地說。

「可是我再也不是那個孩子了。」她含住眼淚，聲音隨著一觸即發的情緒逐漸轉為高昂。

我望著她微微顫抖的身軀，彷彿能看見那雙還來不及長大便默默承擔著父母情緒的弱小肩膀，和不斷催促著自己要提早成熟的幼小心靈。如今，她再也不願想起當年那個孩子，想起她曾付出一切以為可以換取父母的快樂，曾期待著有一天他們可以好好看看她，看看她也需要被愛，看看她多麼渴望一個完整的家，看看她只不過是一個孩子，看見她，其實還沒有長大。

我輕輕走到鏡子旁的沙發前，在她斜對面的位置悄悄坐下，傾聽她訴說那段遺失的童年。

懷才不遇的父親終日在外追逐著實現理想的機會，沉重的債務讓他自認，離開就是對家人最好的保護。然而，「為了家而離開家」的這個說法，卻從未說服過母親，在母親的眼裡，父親所謂的無可奈何不過是逃避責任的藉口。從每天默默為他留一盞燈的等待，到無聲落淚的忍耐，最後只剩下積羽沉舟的責怪，她能感受母親的心在期待與絕望的循環中消耗殆盡，而她，也理所當然地成了母親宣洩情緒的出口。

「現在回想起那時候每天投射在我身上詛咒的話，我還是分不清我媽到底是真的那樣想我的，還是對我爸的報復心態？不過那些都不重要了，小時候的我其實也早就習慣了，只是每當我躲在衣櫥裡偷哭的時候，心裡都會糾結著一個問題……」她哽咽地低下頭，許久說不出話。

「媽媽，妳愛我嗎？」我幽幽地說。此刻她的脆弱剝開了我的靈魂，不問自取地從我心靈記憶的深處，抽出那句說不出口的獨白。

我們像兩個被打回原型的孩子，在各自的回憶漩渦中，小心翼翼地窺探著當年的自己，卻不小心遇見了彼此。我們帶著不可思議的默契相視而笑，然後相擁而泣。原來我並不孤獨，原來妳也在這裡。

「這個問題我再也沒機會問了，可是妳還有時間可以去尋找，又或者，去重新創造那個答案。」我說。

「其實他們也沒有真的虧待我什麼，還是辛辛苦苦把我養大了，只是他們有太多自己都搞不清楚的無奈。我應該要告訴自己，沒關係，反正我還是好好地長大了，要想開、要放下，是嗎？」她問。

「不曾虧待，不代表沒有傷害。」我有感而發地說。

有時候童年時期最深的傷害，未必來自那些添加在身上的對待，而是始終臨不到我們身上的缺席的愛。原諒和釋懷或許能幫助我們慢慢卸下那些添加在身上的重量，但我們無法拿走自己不曾擁有過的東西。不需要勉強自己去忽略那些傷痛，有時候內心的缺乏需要先被認識和認可，才有可能重新被填滿。

後來，我和她計劃好，把中式傳統拜別儀式，修改成中西合併的交心時刻，用與父母交換禮物的方式來交換心情，把想說的話透過禮物的寓意傳遞給對方。我心中悄悄盼望著，如果到時雙方心情上可以負荷，那麼在交換禮物的同時，或許他們一家人可以藉此機會好好說說話。我想對她來說，比起拜別父母，揮別被傷害所綑綁的自己，或許更加重要。

當我聯絡她的爸媽，告知他們有關交換禮物的想法時，她的父親顯得有些不知所措，母親則只淡淡地說了一句：「這樣很好。」

婚禮當天，她為爸媽準備了一組保溫對杯。她說，希望他們能在冰釋前嫌後相互陪伴，用餘生彌補多年的等待，好好過日子。我知道，她說不出口的心意，是希望能與父母共享一家人多年來錯過的時光，在平凡的日常中，留住屬於愛的溫度。無論如何，他們都是她一輩子的家人。

父親送給她一只老舊的手錶，銀色的錶鍊已局部氧化成炭灰色，深藍色的錶面卻整舊如新，像是鏽痕斑斑的鐵路軌道，在歲月的碾壓下，雖然始終沒能看清途徑延伸的方向，卻小心翼翼地守住了它所仰望的那片蔚藍星空。

「這隻手錶這些年來跟著我去過很多地方。它是妳爺爺離開時留給我唯一的東西，他囑咐我要好好替他保管，直到他回來。但那是我最後一次見他。」他低聲地說，眼神落寞地在手錶上徘徊，像在觀看著自己這一生空白的等待。他輕輕抬起頭，嘗試著直視女兒的眼睛，怯怯地說：「結婚後有空就多回家看看，我都會在。」

她伸手接過那只手錶，微笑中閃著淚光，凝視著手中的錶，彷彿握著父親彎彎曲曲的人生軌道，和他終於願意卸下的滿身傷人傷己的鋒利枷鎖。這是她第一次聽到父親說「他會在」，她祈禱他能放下多年來難以斷開的鎖鏈，從無止盡的等待和惡性循環中走出來，從此不再做被恐懼挾制的逃犯。

她的母親在一旁沉默地看著父女二人的互動，露出如釋重負的淺淺微笑，原本充滿防備的目光，被此刻的溫度暖化成慈愛的故鄉。母親悄悄遞給她一個樸實無華的木盒，以目示意她將其打開。她輕輕地將盒蓋微微開起，下意識地把手中的禮物設想成脆弱的易碎品，邊拆封邊不自覺地窺探，好像深怕太用力的期待，會震碎這份難得的青睞。

盒子裡放著一隻金黃色的兔子絨毛娃娃。小兔子的頭上戴著一頂棉質小皇冠，有手工編織的線條感和縫紉修補的痕跡。她將小兔子擁入懷中，像捧起自己柔軟的心，眼淚不自禁地滑落。

「小時候，妳只要受了委屈，就會躲起來抱著這個娃娃哭。」她的母親緩緩地說。「有一次，妳抱著它跑出去躲了好久，我一整天都找不到妳，心裡真的急壞了。後來妳終於回家了，我激動地把這隻兔子丟掉，告誡妳再也不可以離家出走。其實我不是氣妳，是氣我自己，因為我知道妳每次受委屈的原因都是因為我，可是我就是控制不了自己的情緒。那應該是我人生中最害怕、最難熬的一天，沒有什麼比差點失去妳更讓媽媽心痛。」

她安靜地聽著母親訴說當年的故事，溼潤的眼睛裡流露出嶄新的光芒。這明明也是她的記憶啊！只是當時的她在恐懼的籠罩下，絲毫感受不到母親的不知所措，和那份心如刀割的在乎。

「後來我把這個娃娃撿了回來，可是一直不知道怎麼把它還給妳。我發現它耳朵旁邊有一個小破洞，就想把它補起來，邊縫邊想著，這隻娃娃跟我的女兒好像，顏色像個小太陽一樣。」她吸了一口氣，忍住眼淚說：「這麼多年來妳就是媽媽唯一的安慰。」

她哭著擁抱母親，在是非對錯以外，接納了彼此的脆弱。那些相依為命的歲月，那段相互依賴卻也相互傷害的關係，都在溫柔的救贖中得以釋懷。

在婚禮的兩個星期後，我收到她寄來的卡片，卡片上有金黃色的陽光，照耀在小兔子歇息的青草地上，背後有她手寫的翩然字跡：「謝謝妳把拜別父母變成揮別過去。我好像重新長大了一次，離開了我，又找回了我。」

我微笑看著手中的一束陽光，想起年幼的她，即便身陷漫漫長夜，卻不忘努力成為別人的太陽，而那些曾經令她感到挫敗的付出，早已在不知不覺中，編織出華美的冠冕。

在成為大人之前，我們不一定有幸能好好當個孩子，所以在成為大人之後，我們更要竭力保護好內心的孩子，認識他、眷顧他，給他機會重新健健康康的長大，直到見證肩頭的風霜化為心頭的風光，迎接最柔軟真實的自己，在朝陽中甦醒歸根。

finding you

那些曾慫恿我們流浪的記憶，
有天會帶領我們找到回家的路。
自由的終點，
是帶著更好的自己回到原點。

慢慢長大

心理治療師阿德勒（Alfred Adler）曾說過：「幸運的人一生都被童年治癒，不幸的人一生都在治癒童年。」

我想，在幸與不幸之外，或許還存在著第三種可能，叫做「反敗為勝的選擇」。人生沒有絕對的幸運，最終能治癒我們的，往往不是幸福的起點，而是一次次勇敢為生命做出選擇的過程。選擇愛、選擇善良、選擇在紛亂的世界裡，拚命集中專注力，一步步走出屬於自己的路。

童年，是記憶中的第一顆火種，然而真正能決定它的燃燒究竟會帶來光亮或者灼傷的，卻是成長過程中的選擇。你本是發光體，不該讓黯淡的傷痕掩蓋住明亮的靈魂。即便凜冽的世界企圖將你困在寒冬中，心頭那不滅的火苗，仍會在冷卻後一次次重燃，緩緩照亮明天的方向。

那些踩著尖銳的稜角、帶著成長痛的步伐，會鋪出一條反敗為勝的道路，讓我們在治癒童年的過程中，被不完美的童年治

能治癒我們的
是
一次次
勇敢
為生命
做出選擇的
過程

癒，在拾回初心的同時，回頭眷顧那個被自己深藏在心裡、來不及長大的孩子，牽起他的手溫柔地說：「讓我們一起重新長大。」

而這一次，你可以慢慢長大。

給內在小孩的8句話

童年創傷其實跟我們每個人都很靠近。如果你也曾來不及喊痛就被推著長大，請允許愛重新找回躲在我們內心的小孩，關注他、認識他、肯定他、陪他說說話，透過長大後的自己和健康的人際關係，重新讓他感受到安全、被愛，和被重視，陪伴他認識自己獨一無二的價值。

自我療癒的旅程，永遠不會開始得太晚，只要我們學會如何啟程。

親愛的孩子，今天我想對你說：

- 你的感覺，無論好壞，都值得被在乎。你可以流淚，也可以脆弱。哭出來，沒關係。

- 你應該是被保護的。你的安全感不該來自「懂事」的自己，保護一個孩子的身心靈，原本就是大人應該做的事。你應該被大人保護，而非小心翼翼地守護大人的情緒。
- 那些使你感到疼痛的對待不是健康的，請不要允許任何人繼續這樣傷害你。（即便你了解你父母的創傷如何影響了他們對待你的方式，也不代表這些對待是對的。）
- 那些遺憾和孤單，都不是你的錯。你已經做了你當時所能做的一切。
- 親愛的，你已足夠好了。
- 我愛你，只因為你是你。你不需要做任何事，來賺取被愛的資格。
- 就像一場捉迷藏遊戲，你可以躲起來，但請允許愛來找到你。我知道，你還在等待。
- 謝謝你，成為你。

以溫柔擁戴
你的
獨一無二

再生

當我的目標從「我要成為完美的媽媽」，
轉換成「我要成為更好的自己」，
我發現我所能給孩子的愛變得更寬廣、更自由。
我不再時刻掛念著自己原生家庭的遺憾，
以「希望孩子擁有我小時候所沒有的」為出發點，
而是敞開心去認識我所擁有的，
以及挖掘和建造那些「我們」可以一起獲得的幸福。
恐懼會讓我們面對孩子時，內心想著「願你不要成為我」，
但健康的愛卻會說：「讓我陪你成為你」。

一個週五的早晨，一位年約三十出頭的年輕父親風塵僕僕地來訪。他的臉上

揚著謙和友善的笑容，身後背著一個大型的黑色後背包，滿臉倦容卻不失溫文儒雅的儀態。一見面，他便禮貌地告知，今天只能停留一個小時，因為他必須在下午四點半以前，從溫哥華趕回西雅圖接他的孩子放學，而此次特別來訪的目的，是希望能找到改善家庭關係的方式。

在我以關係教練的專業所接觸的家庭案例中，最少見到願意主動向外界尋求幫助，又或者說，意識到自己其實需要幫助的角色，便是「父親」。也許是因為時常面對許多偽單親母親孤立無援的眼淚，和傾聽成年子女們談起生命中缺席的父愛，這位父親的到來，竟帶給我一份難得的驚喜，和隨之而來難以言喻的感動，就像是看見一池寒潭突然被一束陽光曬暖，用名為希望的光影，撥開了深不見底的幽暗。

我們正面臨著一個無父世代的危機。聯合國研究報告指出，家庭危機是二十一世紀最嚴重的社會問題，而這個危機產生的主要原因，正是因為父親在家庭中的慣性缺席，影響了孩子在成長過程中的人格發展。美國《新聞周刊》也曾以 Fatherless Generation（無父世代）為封面主題，報導這個值得關注的社會現象。我想，在這個無父世代中，一顆為父的心、一個父親對於家庭關係的經營和在乎，就是賦能、培力、填滿心靈缺口的關鍵。

「很多人說，一個人無法給出自己所沒有的東西，妳覺得是這樣的嗎？」他問。

「或許是，但我想，這個說法的問題在於，它忽略了你所擁有的，永遠比你知道你所擁有的更多。」我認真地回答。

「在當爸爸後，我時常在和孩子相處的過程中，意識到自己內心的缺乏。我很擔心這樣的我，究竟有沒有能力成為一個好爸爸。」他抬起頭，眼神裡滿是赤誠的柔軟，也夾雜著一股不認輸的韌性。

「我同意我們能給孩子的總是有限，但在一段健康關係中的給予，不一定只能拿出我們從過去經歷中所累積的擁有，更多時候，其實是邊給予、邊獲得，邊靠近、邊學習。即便是過去你所沒有的，也可能會因為愛，而成為你的獲得。就像一條零庫存的供應鏈，會隨著客製化的需求，而生產出雙向的互惠寶藏。」我微笑地說。

所謂傳承，傳的未必只是那些父母自認為值得驕傲的擁有，或急著想教會孩子的事，更寶貴的是我們願意和孩子一起在愛中學習的過程。教導能賦予孩子思想，傳承則能建造孩子的品格，思想雖不同，卻沒有高低之分，但品格有。最有感染力的教導來自生命，最有影響力的傳承來自陪伴。

「那如果連生產的原料都沒有，也可以嗎？」他凝重地問。「其實我和我太太的原生家庭都很破碎，很多以前我們都不自覺的內在問題，會在帶孩子的壓力下不斷爆發，甚至到失控的地步，讓家庭氣氛變得很緊張。以前我總信誓旦旦地說，我願意為這個家付出我的一切，但在現實生活的壓迫下，我才發現原來我的一切實在太渺小。」

「願意就是最好的原料，只是這份願意所指的未必是要你用自己的方式去付出一切，而是願意改變、願意溝通、願意和你的另一半一起去嘗試不同的生活規劃，互相肯定、關懷彼此在心靈層面的需要。我瞭解父母都希望孩子好，習慣在忙碌中忽略了自己，但事實是，你們好了，孩子才會好。」我有感而發地說。

我想起自己在成為新手媽媽的第一年，時常陷入挫敗與無助的焦慮循環中，因為太在乎，很多事越追求完美，反而越感到匱乏，直到我意識到其實我的孩子不需要一個完美的母親，他需要的是完整、完好、獨一無二的我，且沒有其他人可以取代。無論我們再怎麼努力，都沒有辦法成為完美的父母，但卻有成千上萬種方式，可以成為好的父母，成為我們自己從未有過的父母。

當我的目標從「我要成為完美的媽媽」，轉換成「我要成為更好的自己」，我發現我所能給孩子的愛變得更寬廣、更自由。我不再時刻掛念著自己原生家庭的遺憾，以「希望孩子擁有我小時候所沒有的」為出發點，而是敞開心去認識我所擁有的，以及挖掘和建造那些「我們」可以一起獲得的幸福。恐懼會讓我們面對孩子時，內心想著「願你不要成為我」，但健康的愛卻會說：「讓我陪你成為你」。

在結束與這位年輕父親的談話前，我請他在筆記本裡寫下一句鼓勵自己的話，和一件回家後最想實踐或改變的事。他想了想，寫下了一段好可愛的文字：

「愛可以再生，我可以更好。要跟老婆定期約會」。

他把手中的筆遞給我，示意要我在他的筆記上做補充，於是我微笑地寫下：「你可以成為你從未有過的爸爸。你就是你妻子最需要的丈夫、孩子最需要的父親，沒有人比你更合適，更足以勝任。」

我望著他離去時被陽光觸摸的背影，肩頭上厚重的背包被染上一圈圈金黃色的光暈，彷彿從累贅的包袱轉變成精良的鎧甲，有時候那些使我們近乎崩塌的重量，會隨著生命的成長和思想的蛻變，轉化成使我們剛強的力量。

道路兩旁枝葉繁茂的樹木安然地生長著，令我想起他最後寫下的那句，愛可以再生。是啊，愛所擁有的再生能力是如此奇妙，就像眼前向著光明扶搖直上的樹木，過去曾空缺的、失去的、枯萎的，都有機會在甦醒的季節裡，生長出新的枝芽。我們仍然帶著生命的缺口，卻能在一次次的再生洗禮中，拾得美好的果實，經歷蓬勃的新生。

THREE

最有感染力的教導
來自生命
最有影響力的傳承
來自陪伴

finding you

愛可以再生，
我們可以更好。

finding Jas

你

於是你慢慢發現，其實我們在管理的從來不是時間，而是在時間的懷抱中邊失去、邊獲得、邊衰弱、邊成長的自己。

是啊！就是那個在脆弱時變得剛強、緊握時學會放手、越來越成熟卻始終長不大的自己。

你依然破綻百出，卻已成為別人眼中波瀾不驚的依靠，仍然偶爾在失控的情緒裡氾濫成災，卻在屢次跌入谷底的盡頭，找到愛惜自己的理由。

你或許無法為自己而活，但定要努力活出自己。

你的故事，會成為引路的光，因為你的真實，如黑夜中的星橋火樹，是自帶光源的璀璨寶藏。

父與子

想法可能是有對錯的，但感受沒有。

我道歉是因為我說話的方式讓我兒子有被傷害的感受，

但這並不代表在當時我們所討論的那件事情上，我的想法是錯的。

只是事實證明，我和他溝通的方式是不恰當的，才會帶來傷害。

就事論事，我兒子不夠成熟的想法或許需要被引導，

但他的感覺只需要被接納。

我覺得如果我不能先接納他，又有什麼立場去引導他？

有許多勵志的宣言，告訴我們「不需要一個人堅強」，卻很少有人在乎我們不得不堅強的理由。在現實生活中，人之所以習慣獨自堅強，往往是因為過去的傷害、脆弱和過錯，沒有適時地被溫柔接納。

有些人在受傷之後，會不由自主地頻頻回首，容許那些過去曾經歷過的傷害，持續地傷害現在的人際關係，陷入不健康的循環中；有些人則選擇向前看，戴上剛硬的盔甲，練就出一身凡事靠自己的習慣，並將這種後天鍛鍊出的「本事」，視為理所當然的「本能」，獨自解決所有問題，拚命爭取眼前的理想和奔赴。然而盔甲雖可防禦自己再次受傷，卻也同時用孤立的外殼，包裹住曾經柔軟的心。兩者一個望著過去的傷害，一個盼著未來的目標，卻同樣無法停下腳步，好好看看現在的自己，重新認識和接納自己的內在需要。

我想，與其說，你不需要一個人堅強，更貼切的說法或許是對自己的內心說：「你可以不用那麼完美」，因為其實那些不完美，是可以被接納的。長大的最高成就，不是努力活得更完美，而是更勇敢地活出完整的自己。

在成長的過程中，我們所接受的往往不是「正向教養」而是「正向期待」，期待我們要成為比別人更優秀、更值得父母驕傲的人。然而，這樣一面倒的期待，不只會使我們習慣壓抑自己的感受、沒有機會學習妥善管理情緒，更間接地拒絕了所有「反向」的歷練，包括從錯誤中學習的過程，和接納自己缺點的勇氣。

THREE

傳承最雋永的
奧秘
是相信
孩子的世代
也是
父母的世代

在成為母親之後，我發現父母能為孩子建立安全感與自信心的其中一個重要關鍵，便是適當地給予孩子犯錯的空間。然而，許多父母之所以不容許孩子犯錯，是因為他們同樣也不允許自己犯錯，或無法接納自己曾犯下的錯。

我曾在一段偶然的際遇中，被一對父子間的對話深深打動。

那是一場在冬季舉辦的兒少培力營，以探索自我特質為主題，我在其中擔任講師和關係教練，負責引導孩子們如何與自己建立親密的關係，進一步認識和開發自我潛能。在營會的最後一天，我們安排了一個親子特別活動，邀請父母一同參加，與孩子進行關係導向的溝通。

在交流中，一位正值青春期的孩子問他的父親：「爸爸，之前我在跟你談到我的夢想時，你說的那些話其實讓我感到很受傷，你還記得嗎？」

父親回答：「我不記得了……但是你記得且受傷了，所以我想先跟你道歉。抱歉當時我傷害了你。我當時或許是不同意你的想法，也可能是急於表達我個人的看法，但無論如何，我的目的都絕對不是要傷害或打擊你，如果你從我說的話當中所接收到的是傷害，那麼我想我應該先為此道歉。」

這位父親當下的回應帶給我滿滿的感動。我想他之所以願意道歉，是因為他在乎他的兒子和他們之間的父子關係，遠遠勝過於這件事情其中的對與錯。他的能力和權威都足以為自己辯解，但他選擇了一個父親真正最有力量的「本能」，就是用愛去覆蓋他的孩子。

事後有其他父母詢問那位父親，當他為了一件自己根本記不得的事情而向孩子道歉時，難道心中完全沒有怒氣？完全不覺得丟了顏面？他搖搖頭，微笑著說：「不會，因為想法可能是有對錯的，但感受沒有。我道歉是因為我說話的方式讓我兒子有被傷害的感受，但這並不代表在當時我們所討論的那件事情上，我的想法是錯的。只是事實證明，我和他溝通的方式是不恰當的，才會帶來傷害。就事論事，我兒子不夠成熟的想法或許需要被引導，但他的感覺只需要被接納。我覺得如果我不能先接納他，又有什麼立場去引導他？」

兩代之間的關係建造，關鍵並非只在於孩子是否能聽得進父母說的話，更是在於父母是否聽得見孩子內心的需要。改變，也是父母的責任，我們卻時常將「時代不同」當作不願意改變的藉口，忽略了「傳承」最雋永的奧秘，是相信孩子的世代，也是父母的世代。

因為代代相連的愛，我們得以跨越時光的休止符，在有生之年以外，以彼此用生命記載的故事，共譜出永不止息的經典樂章。當我們相互擁有，也相互成全，我所經歷的風霜，便能成為守護你的暖陽，而那值得你奔赴的夢想，也終會成為延續我生命的驕傲。

長大的定義不是變得堅強，而是變得更有力量去接納脆弱，包括擁抱自己的軟弱，和擁護下一代的心靈。身為父母，我們能在一段嶄新的光景中與孩子一起長大，將歲月交錯的故事延伸成星光熠熠的回家之路，何其有幸，何其美好。

finding you

正因為你不是我期待中的樣子，
才能成為比夢想更偉大的存在。

THREE

傳承最雋永的
奧秘
是相信
孩子的世代
也是
父母的世代

源頭

父親在電話裡聊起當年跑船的日子，時常一離開家就是數月，為了生活遠離生活，帶著所有的想念和念想，獨自在海上漂泊。

他說跑船的人適應力很強，能快速地習慣任何環境，我想或許所謂的環境，也包括了他自己複雜的心境。習慣相聚的短暫，習慣在擁抱的同時與離別面對面，習慣獨自承擔所有風浪只為了成為為家庭遮風擋雨的港灣；習慣捨己成全，如同他習慣著，這麼多年我不在他的身邊。

「人總會因為辛苦的經歷和磨練，而變得堅韌，堅強而有韌性。」他感慨地說。

「嗯。」

「雖然這個道理是必然，但我不希望妳成為堅韌的人，我只希望妳快樂。」

父親並不知道，成長的旅程早在不知不覺中，賦予了我堅韌的外袍，他的愛卻為我保全了內心的柔軟，成為逆流人潮中不滅的燈塔，讓生命的相聚和離別、圓滿與缺憾，都被悅納成明亮的擁有，照耀出柔韌的溫度。

排山倒海的念想，最終被靜水流深的想念治癒；原來使我們堅韌的理由，同時也是溫柔的源頭。

第三個父親節

從孩子出生至今的一千零二十八個日子裡，兩萬四千六百多個小時的喜怒哀樂，他做到了零缺席的陪伴。

這段時光裡蘊含著看得見的辛勞、聽得見的感嘆，還有數不盡的「我愛你」、「對不起」、「你好棒」和「不要怕，爸爸在。」

我想若有人願意放下自己最好的時光，定是為了守護對他而言比自己更重要的事。

我知道對孩子來說，爸爸的愛會是教導他勇敢抬起頭的力量，更是隨時願意為他彎腰的依靠；是揹著他一遍遍繞著客廳歌唱的高山，亦是緊摟著他衝下滑梯的翅膀。

謝謝你把最好的自己，毫無保留地給了我們。

我想記得你

有天，我偶然看到他的女兒分享了一張照片，
拍攝的是一碗看起來很家常的西式濃湯，
但照片的標題文字，卻讓我頓時紅了眼眶。
「經過十幾次的失敗，爸爸終於成功找回媽媽的味道。」

台北的早晨在一陣淅瀝聲中甦醒。早餐店門口排隊的人潮，有撐傘的，也有沒撐傘的，臉上都掛著同樣冷漠的表情，不知道他們疲憊的一天是即將開始，還是終於結束。車流和人海在忙碌的街道上各自奔波，以難以言喻的默契在交手時相互禮遇，保持著微妙的社交距離。

高速的社會節奏使我略感不自在，但在早餐店內，靜靜坐在我對面的他，顯

以溫柔擁戴
你的
獨一無二

然早已習慣這樣的生活步調，完全無視於身旁路過的嬉鬧與喧囂，用寧靜的孤傲，勾勒出一個屬於自己的世界，將思緒棲身於內心的某個角落。

「人為什麼總要等到失去的那一刻，才明白身邊的人有多重要？」他認真地問。

「失去之所以刻骨銘心，是因為曾經的擁有無法代替。」我本能地回應。

「無法代替的是她的付出，但無法原諒的是我的粗心。我以為一輩子很長，現在回頭看，才發現被我遺忘的、錯過的，比想像中多得多。好日子真的不容許一絲一毫的揮霍。」他的語氣難掩懊悔的煎熬。

「如果一輩子是一天天累積出來的單位，那麼在一起的每一天，就都是永恆的一部分。」我說，心裡真實相信著，逝去不一定意味著失去，在屬於永恆的時空裡，沒有揮霍，也沒有錯過。

永恆，不只是我們身處於善變世界中對於不變的渴望，更不只是一個浪漫的詞彙，而是當愛真實滲入靈魂深處的體會。它比生命的年歲更綿長，記載著一聲聲溫柔的軟喃和笑語，珍藏著一世深情的凝眸，細數著每一個盛夏與寒冬，沿路紀念著每一段在荒野中的等待、繁市中的成敗和樂園裡的擁戴。它將愛的故事儲存於雲端的深淵裡，分散在跳動的記憶中，一點一滴串起念念不忘的甘甜，將暮暮朝朝的陪伴，延續成地久天長的存在。

「我們的每一天，那正是讓我最痛苦的地方。我不知道到底該為我們曾經擁有過的日子感恩，還是懺悔。我們結婚超過二十年，但我已經不記得有多久不曾好好陪陪她。她過世後，我時常會想起我們剛認識的時候，那時她才二十歲，剛剛上大學，還是個小女孩，總有說不完的話，和好多以後想做的事。」他溫柔地說，露出一抹帶著苦澀的微笑。

「她最大的夢想是什麼，你還記得嗎？」

「以前她常說想當一名導遊，帶很多人去環遊世界。不過大學畢業後，我們很快就結婚了，一年後就有了第一個孩子，後來她就把所有時間都給了家庭。

為了我的工作機會，我們全家從美國搬到印尼，幾年後又搬到新加坡，最後搬到台灣，她就這樣陪著我到處適應不同的環境，忙著幫三個孩子找學校，學習新的語言和文化。現在想想，其實我很遺憾在婚後太投入於工作，太少陪伴她和孩子們。我總想著只要顧好家裡的經濟，以後退休後就多的是時間，完全不知道她在家照顧孩子的壓力和犧牲有多大。我明知道她喜歡旅行，卻很少帶她和孩子們出去玩，或者去做一些讓她開心的事。」說到這裡，他沉重地低下頭，自責地感嘆：「是我沒把她照顧好。」

「人總會心甘情願地把最好的時間，花在最愛的事情上。或許這些年對她來說，家庭就是最大的夢想，而你和孩子，就是她心中最嚮往的世界。」我安慰地說，分不清此刻令我心疼的，究竟是他無法彌補的遺憾，還是她無怨無悔的付出和等待。**遺憾是填不滿的黑洞，而愛卻是無條件的赦免。**

「我不知道還能為她做些什麼，甚至不知道生命少了她還有什麼意義，生活變得一團糟，一切都失去了方向。我走不出憂鬱，也不知道怎麼安慰我們的孩子。一個像我這麼軟弱的父親，怎麼能成為孩子的力量？」

「勇敢地記得她，也幫孩子們記住她。」我默默地說，看著他疑惑的表情，輕聲補充：「這是我自己的心得，也可以說是一個孩子的心得。我媽媽去世後，無論我再怎麼努力地想讓自己堅強起來，成熟地維持生活正常的狀態，卻總感覺有一股力量，每天不斷地從我的生命裡流失。我那時才發現，當這個世界上少了一個深深愛著你的人，竟然會讓自己在一瞬間變得那麼渺小脆弱。在我最難熬的日子裡，身邊的家人和朋友們都不太敢在我的面前提起我媽，我知道他們是怕我難過，怕勾起那些解不開的心結和遺憾，但其實我內心很希望有人能跟我聊聊媽媽的事，不管是我已經聽過的，還是來不及聽她說的，因為我不想忘記她，也不想她被這個世界遺忘。我想只要我還記得，她的故事就永遠不會結束。」

「這樣的記得很感傷。」他沉默了好一陣子後，靜靜地說。

「我相信，逝去的家人不會希望成為我們心坎上那道過不去的課題，而是生活中值得留念的話題。」我發自內心地說，同時也在提醒著自己。給逝去的家人最好的尊榮，或許便是不讓他們成為我們心裡不敢觸碰的傷口，而是不被遺忘的美好。不要讓他們賦予我們的愛成為遺憾，要讓這份愛成為足以療癒我們一生的溫柔。

「我會好好記得她，直到有天或許能在天堂裡與她相見。」離開前他幽幽地說。

「不是你在天堂裡面，而是天堂已經在你裡面。」我輕聲自語，目送著他拖著沉重的腳步踏進喧嚷的人潮裡。

他被雨水淋濕的背影，看起來有些狼狽，卻不失堅傲。有些路，只有自己走過才能體會，逆著風、努力抬起頭的那瞬間，究竟需要多大的勇氣。他的前方揚起一道若隱若現的彩虹，像是一個遠在天邊，卻足以照亮腳前道路的微笑，我想，那一定是屬於永恆的記號。

後來的他，帶著三個孩子搬離繁忙的城市，到宜蘭經營起一間民宿，接待來自各國的旅人，生活過得簡單純樸。有天，我偶然看到他的女兒分享了一張照片，拍攝的是一碗看起來很家常的西式濃湯，但照片的標題文字，卻讓我頓時紅了眼眶。

「經過十幾次的失敗，爸爸終於成功找回媽媽的味道。」

愛所賦予我們的，不是強顏歡笑的堅強，而是不離不棄的剛強，是超越有生之年，存活於我們內心不斷傳承的天堂。從那些牽手走過的日子，到尚未實現的夢想，這個世界少了你，但還有我，願意把我們的故事繼續說下去。

finding you

逝去的陪伴，
帶不走永不止息的愛，
悲傷終會過去，
只要我們願意用生命把愛延續。

記得比遺忘更勇敢

一輩子，快得來不及學會離別，又慢得足以將相聚的時光，儲存成綿長的記憶。來不及揮手道別，就索性回首紀念，不願用遺忘稀釋回憶起你的脆弱，只願用隨著生命延伸的記憶，感謝你來過。

承戴回憶需要一顆勇敢的心，因為記得比遺忘更需要勇氣。不讓自己終日活在痛苦裡，是因為明白唯有放了自己，才能好好守護逝去的你，唯有卸下遺憾，才扛得起回憶的重量，讓愛永不止息。

當我能坦然地面對離別，才懂得有些愛不會走散；當我能自然地與思念共存，才能用甜的想念把苦的過往封存。

因為被愛，而不再悲哀。我想，那也許就是天堂的模樣。

一輩子，只要我還記得，你就不曾離開。

以溫柔擁戴
你的
獨一無二

歸巢

在自己成為母親後，我才明白有些愛之所以沉重，
是因為背負了太多不知所措。
我相信媽媽是愛我的，只是不懂得愛自己；
她想掌控的並非是我，而是自己在不知不覺中失控的人生。

新山的夜晚，五顏六色的燈光比星星閃耀。

遠處一座座高樓上的璀璨燈火，串連在一起像一條狹長的彩旗，圍出城市的高牆，將寧靜幽微的心事裹入其中，隱藏在光影變幻的輕霧裡。馬來半島最南端的這座繁華城市，與鄰國新加坡只隔了一座橋的距離，川流不息的，不只是繁忙的人流車潮，還有滲入日常生活中的豐富文化色彩。在多彩多姿的霓虹夜色裡，

悲歡離合似乎和今晚的月光一樣，不過是都市的一輪點綴。

這是她窗外的風景，亦是她內心的光景。

眼前的畫面踉蹌地晃了一圈，一下子把16:9的寬屏視角從窗外絢爛的夜景，轉換成灰白色調的凌亂房間。她將手機屏幕收回，對著鏡頭露出略顯疲倦的笑臉。

「給妳看看我住的城市。」她說，回頭匆匆一瞥身後堆滿玩具和衣物的空間，不好意思地補充：「還有我們的家。」

「很熱鬧的感覺！妳搬回去都還習慣嗎？」我問。距離上次在溫哥華機場與她道別已有數月，如今她在新山，我在台北，我們都離開了居住二十幾年的成長地，各自回到出生地適應全新的生活。

其實「回」這個字，對於從小移居海外的我們來說，是既熟悉又陌生，因為無論是在情感或邏輯上，我們都難以清楚定義故鄉與他鄉的區別。在交談時，無論是聊到成長地或者出生地，我們都會很自然地用「回」來描述，彷彿兩邊都是家，但在內心深處，又似乎走到哪裡，都像在流浪。我們無法體會留學生遊子般的思鄉情懷，亦感受不到身為當地人的歸屬感。從小便習慣了一家人分散各地的距離，卻始終難以釋懷關係的疏離。當成長過程中少了理所當然的陪伴，精心的擁抱也成為疏離的姿態。時常覺得人生永遠停留在一個隱形的過渡期中，家彷彿在咫尺，心卻在天涯。多元文化在我們身上形成一套「擁有卻不屬於」任何國家民族的價值觀，而看似完好卻不完整的成長背景，更是我們在自我認知上，需要消化，或者消耗一輩子的課題。

「習慣了但不適應，還是像個外地人。」她無奈地回答。

「我懂。」我苦笑著回應。

我和她在進入大學的第一天便奇妙地成為朋友。現在回想起來，當年我們之所以能在熱鬧的新生營會裡注意到彼此的存在，也許是因為我們都明顯地與大環境格格不入。在人人充滿願景與抱負的商學院，我和她就像是誤打誤撞闖進了資優班，其他同學似乎都已經很清楚知道自己要的是什麼、為了什麼而來，侃侃而談地分享著各自的人生藍圖，唯有我們，對於理想和未來都是一片空白，每當骨子裡的文藝靈魂與現實主義在矛盾中碰撞時，總偷偷懷疑自己究竟有沒有選對科系。

如今的我們，彷彿在不同的時光和環境下，回到了當年的心境：同樣的格格不入，也同樣的懷疑著自己所選擇的道路。

「不過我也沒什麼時間可以好好去探索，回到馬來西亞後，我覺得自己好像提早步入了中年，上有老下有小的，每天生活就是忙不停的一地雞毛。我印象中這樣的生活在我們父母那個年代，不是五十歲才開始的嗎？怎麼我好像一下子丟了十幾年的青春？」不知道是不是受到了城市節奏的影響，她說話的速度比過去俐落許多，語氣也更直率。

「而且最挑戰的是，三十幾歲的我們，孩子都還小，和長輩一樣都需要貼身照顧，對嗎？」我理解地回應。年歲是生命里程的紀念，卻未必是衡量成長的單位。成熟和長大是不同的，成熟是懂得成全，長大則是願意承擔。孩子使我們在練習牽手與放手的過程中變得成熟，父母卻是終其一生，透過賦能與傳承，陪伴我們長大的力量。而夾在「成熟」與「長大」中間的我們，一邊學習兼任孩子與父母的照顧者，一邊承受著兩種不同的生長痛，或許這樣的生命狀態，便是一種年歲難以衡量的中年挑戰。

「沒錯，所以我時常覺得自己很不足，不管是面對小孩還是面對我媽，都同樣感到無能無力。」她落寞地垂下眼簾，輕聲嘆息。

「妳媽媽的狀況還好嗎？」我關心地問。記得她曾說過，決定搬回馬來西亞，是為了就近照顧失智的母親。她們的母女關係向來疏遠，但在瞭解母親的病情後，她便與丈夫一同帶著兩個年幼的女兒，從居住了二十幾年的溫哥華，搬遷到母親所在的城市——柔佛新山。她的先生是日裔加拿大人，對馬來西亞的文化認知比她更陌生，他們夫妻倆人毅然決然地放下原本安穩的生活，踏上一場充滿未知的冒險，勇氣令人欽佩。

「時好時壞，但幾乎都不認得我。好的時候，她會把我女兒當成是我，壞的時候什麼人都不記得。」她嘴角飄過一抹酸甜參半的微笑，低聲地說：「不過這段時間我倒是比過去更認識我媽，妳也知道，我爸媽離婚後我一直是跟爸爸的。現在看她和我女兒相處的樣子，也算是另類地彌補了我的童年。有時想想，也不知道是該高興還是難過，現在我是我女兒的媽媽、也是我媽媽的照顧者，但我可能這輩子，都再也沒機會當我媽媽的女兒了。」

我想，一個女人的一生中，有無數個需要母親的時刻，但她最渴望當女兒的時候，便是自己成為媽媽的時候。不自覺的需要是一種生命的塑造，使我們長出堅強的翅膀，有自覺的渴望則是一種自我的恢復，為我們重新梳理柔軟的羽毛。

我凝視著她失落的表情，心底感到一陣酸楚。有一瞬間，我分辨不出這份酸楚究竟是來自共情還是共鳴，是回應她敞開內心的分享而呼之欲出的感動，還是自己內心深處那蠢蠢欲動的傷痕，被感慨觸摸後掩蓋不住的迴響。我們同樣都在母親與女兒的身分中尋找自己，深刻地感受著生命的圓滿與匱乏、破碎與修復，進而成為更完整的自己。

「我覺得自己好像是在當了媽媽之後，才學會當女兒，雖然我的媽媽已經不在了。我時常在回憶裡重新去感受媽媽對我的愛，現在的我更能理解她的不容易。」我輕聲地說，將自己的脆弱悄悄攤開，感受到鬆軟易碎的心田再次被陽光觸摸，像年輕母親的手，溫柔攬起滿地碎金。

在自己成為母親後，我才明白有些愛之所以沉重，是因為背負了太多不知所措。我相信媽媽是愛我的，只是不懂得愛自己；她想掌控的並非是我，而是自己在不知不覺中失控的人生。或許真正的長大，便是當我們能夠將父母看為平凡的人，摘下附帶在「父母」這個角色上的期望，卸下投射在他們身上那不合身的「理想父母」光芒，和隨之而來累積的失望，還給他們一個「可以不完美」的權利。

「我很能體會妳說的感覺。很多人說，父母都是在成為父母之後，才開始學習如何當父母，但我覺得自己都當了兩個孩子的媽了，還搞不定究竟該怎麼當媽媽，反而更多的是學會了怎麼當孩子，知道當個孩子應該是什麼樣子。我會在我女兒的需要裡，看見我自己的需要；在安慰她們的同時安慰著自己；在責罵她們的時候，發現其實自己的憤怒是來自於一種莫名奇妙的懼怕，害怕她們有一天會變成跟我一樣的大人。」她說。

「再成熟的小孩都需要被愛，包括媽媽心裡的內在小孩。」我下意識地說，望著她略帶傷感地沉思著我說的話，我放鬆了語氣，微笑著說：「所以有智慧的教養是，在疼愛孩子的同時，也要教孩子如何疼媽媽。」

愛讓我們做更好的自己，做好自己才能真正懂得愛。學習成為父母的過程，本身就是一段自我療癒的旅程，雖然我們都糊裡糊塗地長大了，但內心仍是呢喃著天真的熟成旅人。當我們在孩子身上看見更透明的自己，當愛的認知變得更健康、被愛的需要重新獲得重視，過去在匱乏中被迫麻痺的真心，便有機會在誠實與寬容中再次甦醒跳動。

人們常說，小孩與生俱來的自私成就了父母的無私，我想，孩子與父母之間確實存在著互相影響的愛，但這份愛真正健康的循環，是在愛對方的同時，更多學會如何愛自己，包括更懂得如何妥善照顧好自己的需要和情緒，以及更溫柔地與自己的心對話。父母對孩子的愛不該是「因為你，所以失去我」，而是「因為你，而找回我」。

有時正是在那失控的生活裡，在不同角色和職責的交錯與失衡下，在未來的未知和過去未能填滿的遺憾中，我們反而更能看得懂什麼是愛，因為逐漸認識了它在期待以外的面貌，和完整與完美相互抵觸的存在。

或許我們終其一生都在學習如何與自己的無助共存，在倦怠與眷戀的反覆循環中，尋找一個看似雋永的意義，彷彿抓住它，便足以繼續幸福地犧牲著，帶著面面俱到的優雅，忽視背後自我妥協的裝傻。偶然的，在某個放棄征服的瞬間找到徹底降服的力量，在混濁黯淡的深谷中，拾起自己透徹明亮的靈魂。又或者，此刻的光景並非偶然，而是必然，因每一個善良的初衷，必然帶領我們奔向美好的眷顧。

那晚，我和她交換的故事，像一條狹長的銀鍊，跨越海洋把我們的心繫在一起。

明早我們又將各自回到格格不入的現實生活裡繼續努力，但此刻，城市的高牆再也圍不住天邊相同的月光。

台北的夜晚，透徹的心比月光更明亮。

finding you

正因為你是無法不認真的人，
所以更值得被心疼。
但是親愛的，
有時候適當的失控，
才有空間做夢。

如今

參雜著矛盾的成長，或許就是現階段的年齡和狀態最美好的地方。從不曾比現在更瞭解自己，卻也更願意放下自己；從未如此赤裸地擁抱自己的脆弱，卻因此再也找不到懷疑自己的理由。

幾環年輪，留下許多看得見和看不見的挪移痕跡，比如陳述的句點轉換成傾聽的問號、分享生活的嘀咕轉化成共享生活的體驗、忙碌的追逐蛻變成寧靜的奔赴、有限的時間聚焦成無限流轉的季節。

我仍想念白蒼蒼的茸茸雪花，但也逐漸喜歡上濕蒙蒙的萬里晴空；仍習慣一塵不染的優雅自若，卻更珍惜在一地雞毛的凌亂中，跌跌撞撞拼湊出的幸福模樣。

喜歡越承擔越勇敢的生命，和越放下越鮮明的自己。

願所有不容易的生活，都能兌換成不簡單的生命。

從不曾
比現在
更瞭解自己
卻也
更願意
放下自己

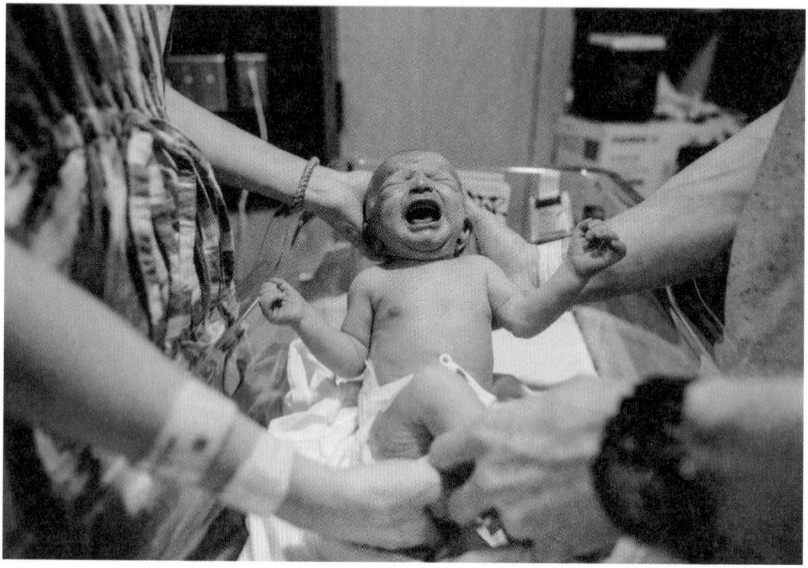

生辰紀念

我拍攝過許多和我當時一樣，同時面對著生命與死亡的產婦，
一邊期待著新生命的到來，
一邊擔心不知道自己還能有多少時間，來陪伴這個小生命成長。
我們勇敢地祈禱著能有奇蹟出現，
卻又脆弱地想，如果孩子還沒睜開眼我就必須離開了，
那麼至少還有照片能為他留下媽媽的模樣。

走進位於加拿大西部的復古藝術區，一排斑駁的紅磚頭，在老巷裡砌出一棟棟帶著歷史紋理的閣樓式舊宅。我沿著紅磚牆上的老舊門牌，從九十七號一路尋到三十一號，彷彿走進了倒流的時光裡，在街頭歲月中感受嵌入血液裡的文化。

她將工作室的門，改造成一片鑲褃著古銅色細框的玻璃牆，透露出室內頗具工業風質感的黑白色空間。老宅內外所呈現出的新舊之分，形成一種微妙的反差美學。她捧著筆電坐在窗前，經過樹葉過濾的陽光，被瀝成頑皮跳躍的光點，撒落在她寬鬆的灰色毛衣上，整個畫面就像一幅經典的黑白照片，濃墨重彩地堆疊出充滿故事感的層次與溫度。

她起身迎接我的到來，熱情地招呼我在沙發上坐下，為我遞上一杯俄式漿果汁，透明玻璃杯中莓果紅潤的天然色彩，瞬間成了這個黑白空間裡，最亮眼的抽色藝術。漿果汁是她家鄉的飲品，記得上一次她帶我品嚐時，大約是五年前，當時她還是一位高訂禮服模特兒，如今已轉換跑道，從幕前走到幕後，成了專業的生產紀錄攝影師，而這間被自然光環繞的底片工作室，便是此刻屬於她的伸展台。

「我今天清晨才剛拍完一場水中生產，之後就回家送孩子們上學，然後趕來工作室整理照片直到現在。明明已經一整天沒睡了，但看到妳我又突然不累了，感覺還可以再聊個通霄。我有好多作品想跟妳分享。」她充滿倦意的眼睛裡仍有明亮的星火在跳躍，爽朗的笑容還是和從前一樣溫暖。

我喜歡她真誠踏實的性格，喜歡我們即使好久不見，也無須刻意寒喧。她的友情就像一扇敞開的門，只要投入便是歸屬，同在便是共享，且每次探訪都能看見不同的景致。她身上有股獨特的親和力，總能輕鬆自在地用最簡單的日常，拉近人與人之間的距離，卻又同時能跳脫生活中那些無關緊要的抱怨和消耗，連結於內心真正的嚮往。我想，或許是因為對她而言，生活即是夢想，心之所向不是遠方，而是每個當下的火花，和心靈歸根的故鄉。

她輕輕把筆電推到我的面前，用眼神邀請我一同觀賞她的作品。

「還是要注意別太累了，最近身體還好嗎？」我邊熟練地點閱著電腦裡的圖檔，邊關心地詢問。自從聽見她說自己又工作了一整晚沒休息時，我便開始擔憂，不禁想起在她順遂人生的表象背後，那些不為人知的辛苦，包括兼顧工作與家庭的掙扎，和咬牙對抗病魔的挑戰。

「別擔心，癌症存活者可比妳想像中強壯多了，尤其妳可別小看一個曾罹癌懷孕的母親。」她打趣地安撫著我的不安。

這些年來，眾人都看得見她的成就，卻不是人人都能看見，這些成就其實是來自一顆願意成全他人的初心，和對生命永不放棄的勇氣。四年前，她從一個風光無限的模特兒，轉行成為專門拍攝生產記錄的小眾攝影師，生動的攝影風格和藝術天賦，使她的作品得獎無數，也成為許多醫院指定合作的產房攝影師。但極少人知道的是，促使她毅然決然投入這個特殊攝影領域的原因，是一段在懷孕時期與病魔抗戰的親身經歷。

「我拍攝過許多和我當時一樣，同時面對著生命與死亡的產婦，一邊期待著新生命的到來，一邊擔心不知道自己還能有多少時間，來陪伴這個小生命成長。我們勇敢地祈禱著能有奇蹟出現，卻又脆弱地想，如果孩子還沒睜開眼我就必須離開了，那麼至少還有照片能為他留下媽媽的模樣。」她有感而發地說。

「還有讓孩子知道，無論日後人生的光景如何，都有個人甘願為你冒險，承受超乎想像的恐懼和疼痛，只因為你是你，只為了讓你成為你。」我喃喃自語地說。

在當了媽媽之後，我變得比過去更感性，特別是那些關乎於生命的話題，就像是在心底呢喃的秘密，用熟悉的輕聲細語，在靈魂深處引發清脆的迴響。愛真的能使人的心變得柔軟，所幸最綿長的勇敢，正是來自我們的柔軟，那使你脆弱的軟肋，往往也是使你勇敢的力量。

在孕育和教養的過程中，我時常在想，會不會其實在一段關係中，我們真正被賦予的影響力，並不是要去改變、塑造或救贖另一個人，而是去寬容、擁護和陪伴；不是為了彼此傷害，而是互相療癒，因為唯有這樣的愛，足以成全生命獨一無二的自由本質。

「妳知道嗎？其實我最害怕的就是接到和醫院合作的案子。」她指著螢幕上的一張作品，語重心長地說。

「為什麼？」

「因為很多時候是令人心痛的特殊案例，比如合法棄養，媽媽在生產前已和醫院提出想申請遺棄的念頭，打算等孩子一出生就簽下遺棄書。老實說，我每次遇到這種情況，都不知道自己拍攝的目的究竟是什麼，是該抱著替孩子挽留母親的念想？還是公事公辦地為兒童福利機構提供一個完整的記錄？」她說。

「在這些複雜的人權議題面前，妳可能感覺自己所能做得真的很渺小，但在某種程度上，法律為這些孩子留存了生命，妳則為他們留存了記憶。這份記憶在未來的日子裡，可能延伸出更美好的遇見。」我感嘆地說。使我們真正活著的，不只是一口生命氣息，還有一生用記憶拼湊出的自己。

「所以在工作時，我時常覺得好像在執行某種特殊任務，感覺自己好像有點重要。」她思索了一下，眼底漾出溫柔的光芒，微笑著繼續說：「這份工作帶給我太多值得感恩的禮物，其中最寶貴的，當然是我領養的孩子艾比。她真的是我生命中的天使。」

艾比是她在一次拍攝工作中遇見的唐氏症寶寶，生母因個人因素放棄了扶養，而她則看見了這個孩子珍貴獨特的價值。她想給她一個家，卻意外地因為這個善良的選擇，而為自己的遺憾，換來久別重逢的獲得。

「原本我以為，我此生都不會再有孩子了。」她輕輕地說。「當年從剖腹產恢復後，兩周內我就立刻開始做癌症的治療，雖然控制住了病情，卻也不能再生育了。但是，艾比來了，她讓我明白能組成一個家庭的，並不一定是完美的基因，而是完全的、永不放棄的愛。」

我凝視著她真摯堅韌的表情，意識到一個人的信念和選擇，被賦予了多麼偉大的力量。或許人生並沒有絕對的悲劇或喜劇、擁有或失去，我們都需在悲歡離合的經歷中，去學習接納愛與被愛的身分、累積足以容納生命浩瀚價值的心懷，並成為彼此守護的同伴。人生真正的圓滿，並非把悲劇活成喜劇，而是無論悲喜都有不離不棄的陪伴，有允許我們脆弱的港灣，也有值得我們勇敢的旅程。

那天午後我走出她的工作室時，內心感覺滿滿的。斑駁的紅磚老街彷彿被刷上了一層飽和的嶄新色度，我想是因為我的視野裡，還殘留著與她在黑白空間中一同看見的璀璨色調，那是屬於愛獨一無二的色彩。

finding you

風霜是你勇敢的記號，溫柔會是時光的獎賞。

秀珍

我常常說，婆婆是我童年的全部，但其實更貼切的說法，
是有她的童年治癒了我全部的人生。
她的話語時常在心中迴響，好幾次當我陷入憂鬱的荒野時，
像是天使的翅膀般托著我飛越黑暗的幽谷，
讓我在看不見光的地方，仍能相信愛比明天的太陽更真實。

一九八二年冬天，秀珍握著從報紙上剪下來的徵人廣告，來到台北靠近永吉路一帶的住宅區，在綠蔭濃密的小巷弄裡，尋找著面試的地點。年近六十的她依然精神矍鑠，原本已打算退休，但想想如果還能找份工作來貼補家用，供女兒考研究所，也好過在家清閒度日，於是抱著探索的心態，來應徵這份到府保母的工作。

以溫柔擁戴
你的
獨一無二

其實她也不知道自己是否符合這個職位的要求，徵人廣告上的字她認識的不多，但不知道為什麼，心中就是有種奇妙的感覺，牽引著她來到這個地方，在社會定位所標記的諸多不可能中，嘗試爭取一份可能。

秀珍並非經驗豐富的專業保母，但她自認「母親」這個身分，或許是自己這輩子最擅長扮演的角色，就連促使她今日前來應徵的理由，也是為了想讓自己的女兒能沒有後顧之憂地追求夢想，即使孩子早已長大成人，她還是盡一切所能地想給她最好的。她單純地想，將心比心地去愛護別人的孩子，當成自己的來照顧，應該就是所謂保母的職責。

面試的過程出乎意料的愉快，雇主是位精明能幹的太太，性格爽朗直率，三歲大的男童則十分乖巧懂事，顯得比一般同齡孩子早熟許多。初步談妥工作細節後，太太讓她嘗試餵男孩吃飯，沒想到一碗飯竟三分鐘不到便餵完了。一週後，秀珍順利被雇用，搬進了這個家庭，開始了新的生活。當時她只覺得，能獲得這份工作是她晚年的奇蹟，卻不知道或許一個奇蹟的到來，是為了孕育出一份獨一無二的愛，讓生命在比血液更濃郁的眷戀裡，找到彼此圓滿的幸運。

新生活彷佛加快了時間的腳步，卻維持著平靜的制度。太太每日行程繁忙，先生更是為了工作早出晚歸，小男孩個性沉靜，喜歡獨自鑽研事物，幼稚園下課後，時常自己在客廳裡看雜誌，一看就能看好幾個鐘頭。這樣寧靜規律的時光持續了三年多，直到有一天，太太愁顏不展地回家，說有事想跟秀珍聊聊。

「我懷孕了。」太太一臉焦慮地說：「但生活已經太忙碌，實在無力再帶第二個孩子，我可能不會把她生下來。」

「不要這樣想，我幫妳帶。」秀珍堅定地說。

「可是妳的年紀也大了，照顧一個小嬰兒需要很多體力，我擔心妳的身體負荷不了。」

「我可以，我保證一定把她帶大，請您不要放棄她。」她也不知道自己從哪來的信心，只感受到奔湧的熱情在胸口燃燒，好像這個孩子還尚未出生，就已經與她的心繫在一起。

也許是她的肯定給了太太勇氣，翌年春天，孩子誕生了，是個可愛的女孩。

女孩在出生後的第七天出院回家，那是秀珍第一次擁她入懷。她低頭望著懷中這個如藝術品般精緻柔軟的身體，瞬間被一股純真蓬勃的生命力，烘染得熱淚盈眶。她在女孩明亮的眼睛裡，看見璀璨無暇的靈魂，像是隨身攜帶著來自天堂的色彩，投射在晶瑩剔透的目光裡，把黯淡無光的世界照得明如水晶，純澈溫熱。

從那天起，女孩成了與秀珍形影不離的一縷陽光，將毫無保留的熱情，矖進她的內心深處，使流淌的時光變得和煦明朗。然而，原本平靜的生活，也因活潑生命的注入，而轉化成夜以繼日的辛勞。

女孩並不是個好帶的孩子，她的個性幾乎與哥哥完全相反。她頑皮好動、精力充沛，一頭短髮總是被汗水淋得濕漉漉的。由於父母工作忙碌，哥哥又與她的年齡相差甚多，女孩將豐富的情感完全寄托在保母身上，使得秀珍時刻離不開她，就連做家事的時候，都得將她背在背上，一整天忙碌得完全沒有休息的時間。儘管體力負荷沉重，愛卻總能將疲憊變得輕盈。每當女孩仰著臉，用軟綿綿的童音喊她「婆婆」，所有的疲累都能被溫柔稀釋，留下深邃的甜蜜。今日的辛勞總在明日的笑容裡變得渺小，她們在一起的日子，每天都是風和日麗。

「婆婆，看我畫的畫！」三歲的女孩一身顏料，指著滿牆壁的塗鴉，得意地說。

「婆婆，我想吃菜飯！」四歲的她雖挑食，對喜愛的食物卻每天吃都吃不膩。

「婆婆，我最愛最愛妳，等我長大來照顧妳。」五歲的她輕撫著秀珍的臉，虔誠地說。那年秀珍的丈夫過世，女孩夜夜用擁抱伴她入睡。

「婆婆，我不懂為什麼大人總愛生氣，但是我會記得妳說的，他們都是很好很好的人，只是偶爾看不見彼此的好。」六歲的她常在害怕時躲在秀珍的懷中，也開始發現，原來善良是本質也是選擇，有些事不一定需要明白，但需要相信。

成長能將累積的經歷擴展成知識，也能將其凝聚成核心的價值觀。女孩慢慢長大，繼承了她父親的個性、母親的容貌，和秀珍良善的靈魂。

為了陪伴女孩成長，秀珍開始學習讀書寫字，儘管年近七十記憶已大不如前，她仍想牢牢記住女孩成長的每一步，想著或許女孩長大後還會記得，婆婆曾握著她的手，慢慢描寫出的每一道筆劃，那是在她年幼時，第一次有人陪著她，書寫下屬於自己生命的篇章。

秀珍不知道自己還有多少年歲能陪伴這個孩子，她無法忽視身體日漸衰老的跡象，卻更捨不得錯過見證韶光年華的希望。能在女孩身邊停留的每一分鐘，都是守護愛的初衷。

女孩八歲那年，秀珍的身體狀態急轉直下，不得不退休回家靜養，結束了她在這個家庭中為期十一年的保母職份。她慶幸自己曾在綿長的時間裡留下了溫度，餘生便能在綿長的溫度裡忘卻時間。

秀珍離職不久後，女孩便跟隨家人出國，她們之間的距離從朝夕相處的陪伴，變成度日如年的期盼。她每個月都會收到女孩寄來的手寫信，敍述著在國外生活的點點滴滴，每年女孩返鄉時，也總會迫不及待地接她回家團聚。看著女孩一天天長大，活潑開朗的天性在環境的消磨下變得內斂溫潤，她知道很多事都變了，但不變的是她們之間仍然沒有秘密，只有親密。

她拖著漸漸蒼老的病體，搬進了老人院。在那裡，與她作伴的是許多歲月的故事，和故事尾聲所迎來的生離死別。她的鄰舍們時常說，他們都已經老得不敢去奢望未來，只能活在回憶裡，但她總慈愛地說：「我的未來還在遠方。」她把明天安放在一份羈絆裡。

她知道女孩曾多次想回來就近照顧她，但礙於年紀和身分的限制，最終總是力不從心，甚至連探望，都必須面對他人質疑的眼光，費盡心思自稱是住在國外的親戚，才能爭取到相聚的權利。這個世界上有太多人不明白，有時候真正使我們成為家人的不是血緣，而是無條件的愛；切不斷的未必是血濃於水的關係，而是不離不棄的珍惜。

女孩最後一次回到她身邊時，剛巧遇上了同時來探望她的親生女兒。兩個孩子這些年來總是不同時間前來探望，從未有機會相逢。那天，她們一左一右地坐在床沿邊，女兒安靜地微笑著，而女孩則是一如往常地注視著秀珍臉上的鼻胃管，心疼地哭泣。她在婆婆面前總像個孩子，無法隱藏真實的自己。不過這或許也是為什麼秀珍始終感覺自己的心依舊年輕，因為她知道即使她的力量和青春都已凋零，還有個孩子永遠信任她、需要她、依賴她，在她面前永遠透明真誠，毫無保留。

秀珍躺在床上，看著眼前的兩個孩子，笑著對女兒說：「叫一聲媽媽，好嗎？」

「媽媽。」女兒乖巧地回應。

秀珍和藹地點點頭，緩緩地把目光投向坐在另一端的女孩，輕聲地說：「妳也叫媽媽。」

女孩起身將嘴唇俯在她的耳邊，顫抖著喊：「媽媽。」

女孩奪眶而出的眼淚，染濕了秀珍的臉龐，在縱橫溝壑的皺紋中流淌著歲月的長河，匯集成心頭永恆的暖流。

秀珍緩緩閉上眼，露出心滿意足的笑容。長年壓抑的情感、開不了口的呼喚、卑微又驕傲的思念，此刻都化解在一個圓滿的身分裡。

她想起第一次懷抱著女孩時的畫面，想起在嬰孩眼中所看見的璀璨光芒，那抹瑰麗的色彩依稀在她的眼前如雲朵般暈染漾溢，鋪成遍地花開的淨土。她蒼老的身體彷彿瞬間被朝氣蓬勃的力量充滿，混濁的視線慢慢變得清晰，她將來自天堂的禮物捧在手心，一路沿著愛的歌頌，找到靈魂可安息的歸屬。

秀珍過世後，女孩花了很長的時間在獨處中面對哀傷。對她而言，這份愛深切到連隨之而來的傷痛，都值得被溫柔擁抱，而不該被堅強麻痺。從離別所引發的急性疼痛，到遺憾導致的慢性腐朽，她將脆弱的自己，交給長存在心中那份無條件的愛，才發現原來那些從記憶中萃取的感動，早已成為滲入生命的養分，伴隨著日漸成熟的自我，變得活躍茁壯，在眼淚中提煉出重生的力量。

女孩越是認識自己，便越能感受到婆婆的影響力，是多麼真實地存活在自己的生命中，從不經意的念想，到堅定不移的信仰，那份愛已永駐她的心房，終於成為蔓延在她沸騰血液裡的一部分。星霜荏苒，初心永留，有些回憶會隨著時間的流逝而逐漸被淡忘，但真正融入心底的印記，卻會隨著「真我」在歲月流轉中的覺醒，而越來越鮮明。

「我常常說，婆婆是我童年的全部，但其實更貼切的說法，是有她的童年治癒了我全部的人生。她的話語時常在心中迴響，好幾次當我陷入憂鬱的荒野時，像是天使的翅膀般托著我飛越黑暗的幽谷，讓我在看不見光的地方，仍能相信愛比明天的太陽更真實。我們學會愛，往往是因為先被愛，在她身邊八年的時光，為後來的我撐起了整個青春，成了救贖我一生的溫柔。」女孩將繾綣回憶書寫成生命的故事，只願用自己的一生，將她娓娓道來。

她們不是親人，卻成為了真正的家人；沒有血脈相連，卻心靈相通，填滿了彼此生命的缺憾，讓千瘡百孔的人生，因有了天使的造訪，而變得明亮圓滿。她們用共同的時光，建造了一座超越時光的無憂樂園，將人世間的哀愁，收藏成一抹甘之如飴的微笑，在靈魂緊緊相擁的時刻，用愛點亮回家的路。

finding you

妳走後我才明白，
家，或許只是天堂的一部分，
有妳在的地方就是天堂，
我的心，就是天堂。

餘溫

最近我時常不由自主地流淚，在每個想起妳的時刻。

當孩子的年歲，逐漸邁入尚儲存在我記憶中的童年歲月，成長的篇章開始重疊，育兒的生活突然變得好像一種角色對換的回顧。他成了兒時的我，而我，成了記憶中的妳。

突然間，我看懂了妳眼眸裡的溫柔，和支撐著那份溫柔的堅毅，明白那總是追隨著我，在一個回頭的距離為我揚起的微笑，原來並非好似攥在手裡無憂無慮的一把糖，而是捧在手心裡甘之如飴的一顆心。

我在學習承擔，妳背著我時所承擔的重量，學妳將現實的苦，轉化成安全的溫度。

我在練習和妳一樣，一次次小心翼翼的牽手，又依依不捨的放手，終於明白為什麼妳總在我最依賴妳的時候，在我耳邊悄悄地說：「我相信妳可以」，是妳用強烈的親密，賦予我獨立的勇氣。

是你用
強烈的親密
賦予我
獨立的勇氣

我在溫習愛的直覺反應，就像記憶中每一次當我尋找妳時，那迫不及待奔向我的擁抱，溫暖到有天當我再也找不到妳的時候，仍能沿著身體的記憶，膩在那綿長的餘溫裡療傷。

最近我時常膩在這裡，不由自主地流淚，又心滿意足地微笑——在每個想起妳、又遇見妳的時刻。

朝朝暮暮

我想這個群體所吸引我的地方，
是她們的真實和難以言喻的凝聚力。
當媽媽們聚在一起時，
她們毫不掩飾自己最柔軟的情感和疲憊的心境，
也毫不吝嗇地用自己的不完美，來遮蓋彼此的無助。
她們的每一分委屈都是實實在在的，
對彼此的心疼也是真真切切。

一個雨季裡難得的晴天，陽光鑽過樹木的縫隙，篩落成鵝黃色的光影，與樹梢上的小鳥一同吟唱著時間之詩。我循著地圖上的座標，應約來到位於這座森林裡的白色小木屋。身旁清澈見底的小溪潺潺地流著，空氣裡挾著綠葉的清香，靜謐的氛

以溫柔擁戴
你的
獨一無二

圍釋放出慵懶療癒的氣息，讓人有種想在大自然的懷抱裡將一切歸零的渴望。

木屋裡傳來孩子們悅耳的笑聲，像一串小風鈴，清脆地流瀉在秋天的午後。我敲了敲門，見許久沒有回應，便輕輕地推開了半闔上的門一探究竟。

那是我見過最失控的一場聚會。

屋內的一片狼藉和屋外的詩情畫意形成了驚人的對比。一群年約三到五歲的孩子額頭上掛著汗珠，在屋內瘋狂地奔跑著，追趕在後的媽媽們一邊撿起滿地掉落的食物和玩具，一邊稀鬆平常地與彼此聊天。大門背後放了好幾台嬰兒推車和堆積如山的背包和衣物，仔細一看，居然還有新生兒獨自沉睡在置物區的搖籃中。

我悄悄關上門，熟練地閃過在空中飛舞的鞋子，和地上爬行的孩子，安靜地穿越人群，找到了茱莉，她是今天約我前來的朋友。

「妳也沒帶孩子？」這是茱莉見到我時，說的第一句話。

「是啊，午休時間，讓寶寶跟他爸爸在家裡休息。」我說，感覺自己的聲音瞬間被喧鬧聲吞沒。

「我為了辦今天的活動，特別請我爸媽幫忙看孩子，結果一到現場看到這麼多媽媽忙著顧孩子，突然覺得自己難得的清閒竟成了一股莫名的罪惡感。」她邊說邊不安地四處觀望。

「妳才不閒呢，謝謝妳今天扮演所有媽媽們的照顧者。」我微笑回應。或許某種程度上，在成為母親之後，我們反而變得更無法獨立，好像越來越會當媽媽，卻越來越不會做自己。

老實說，一開始我對於參加像「媽媽團」這樣的群組是有些排斥的。也許是因為害怕過度把焦點放在某個角色上，會讓生活的主軸，在不知不覺中成為生命的主宰，又或許，是潛意識裡希望能透過可以選擇的交友圈，抽離現實中無法選擇的生活圈。母親這個角色，時常讓我在破綻百出的學習過程中，勉勵自己要變得更強大，又在夜以繼日的辛勞下，提醒自己不要被責任吞噬。我有多享受生命的喜悅，就有多努力承受生活的重量。

「謝謝妳來捧場，我簡直無法想像妳又要顧公司、又要顧孩子該有多忙，但很高興妳還是來了。」茉莉客氣地說。

「我記得妳說妳辦這個活動的初衷，是覺得媽媽都是超人，但超人也需要夥伴；媽媽們總是忙於家庭，很少有時間交朋友，但其實我們比誰都需要同伴。我覺得很被這個想法打動，所以一定要來支持。」我坦率地說。

我想這個群體所吸引我的地方，是她們的真實和難以言喻的凝聚力。當媽媽們聚在一起時，她們毫不掩飾自己最柔軟的情感和疲憊的心境，也毫不吝嗇地用自己的不完美，來遮蓋彼此的無助。她們的每一分委屈都是實實在在的，對彼此的心疼也是真真切切。有時候唯有脆弱的人才更懂得互相幫助，因為她們能從自己的脆弱中，提煉出最剛強的力量，將隱忍的委屈化為同理心，讓自己的傷口成為治癒他人的良藥，曾經的孤單幻化為一句以「我懂」為引言的陪伴。更奇妙的是，使這個群體凝聚的力量，是來自「母親」這個因愛而生的身分，她能超越文化、背景、年齡，甚至價值觀，讓情誼自然而然地回歸到最純粹、無私的原貌。

那天下午，我聽了很多令人動容的故事，以不同的角度敍述著成為母親後生命的改變，和每天努力面對的挑戰。

終日獨守孩子的全職媽媽，說她時常分不清日子究竟是忙還是盲，當孩子的生活被安排得越來越精彩，她卻逐漸看不見自己人生的光采；產後憂鬱的新手媽媽，說她很疑惑為什麼母愛在她身上似乎沒有想像中那麼偉大，她不敢向家人承認，其實當媽媽這件事帶給她內心的壓力遠大過於幸福，沒天沒夜的餵奶和照顧寶寶，讓她產生幻聽、妄想等精神狀況，甚至開始懷疑自己存在的價值；無畏逆境的單親媽媽，說她自從有了孩子後，便再也沒有時間關心自己過得好不好，只知道要加倍努力讓孩子過得好，她沒有資格停留在遺憾中自舔傷口，所幸成為媽媽後她終於能相信，原來有些愛可以很長久。

我靜靜地聽著她們的分享，好幾次感同深受地紅了眼眶。世界上所有的生命，都有他獨特的生存方式，心靈亦是如此。再健康的心靈，都需要被持續性的呵護餵養，而不是習慣性的忽視和放生。我們總想在有限的時間和空間裡，給出無限的愛，卻忘了唯有維持健康的源頭，才能提供長久的供應。父母的職責不只是「餵養」，更是「栽種」，但我們自己乾涸枯萎的心靈需要首先被保養滋潤，才能成為栽種生命的淨土。想給予愛，往往需要先被愛；想培育生命，需要先擁有生命；想讓孩子勇敢活出他獨特的樣子，則需要讓你，先成為你。

「當我看著妳們的時候，就好像看見了一個更美好的世界，在看似平淡的日常中慢慢匯聚成型。」輪到我分享時，我發自內心地說，望著她們既溫柔又堅韌的眼神，輕聲補充：「家庭是社會最小的單位，卻也是所有影響力的根源，然而這份足以改變下一個世代的影響力最有效的投資期，其實大約只有短短十年。我們的青春並沒有在照顧者的身分中荒廢，而是在建造者的身分中變得更加尊貴。」

孩子長大後，可能會遺忘兒時的冒險，但他會記得爸媽的笑臉；可能不再留戀他曾愛不釋手的玩具，卻會永遠眷戀家的溫度。他們會在成長的過程中，沿著與父母一起堆積出的回憶，找到屬於自己餘生的信念。

聚會快結束時，茱莉悄悄來到我身旁，愉悅地問：「今天有沒有收穫或心得？」

我思考了一下，想認真地回覆她，卻發現好像更像是在鄭重地對自己的心說：「不要忘了，妳還是妳，只是變得比妳想像中更堅強。當妳勇敢不下去的時候，要知道其實還有很多人在與妳一同征戰，而妳的堅持也可以成為她們的力量。」

走出小木屋時，暮色緩緩地蒸騰彌漫整座森林，小溪被蔭蔽在朦朧的霧網中。手機裡，先生傳來兒子午睡醒來後嬉鬧的影片，小手上沾滿如晨光般橘黃色的顏料，笑臉盈盈地在海報紙上揮舞。我踏著輕盈的腳步，想加快速度回到他們身邊，在時光捲起一頁溫柔的時刻，擁抱屬於我的朝朝暮暮。

finding you

沒有人可以將青春贈予另一個人，
我們只是
在那段名為甘願的歲月裡，
毫無保留地
將最好的自己交給了愛。

嬰孩

我只是想陪著你，即便知道明天你無論如何都會笑著醒來，此刻也不願讓你哭著睡著。

一年多來，每晚我都會花一兩個小時哄你入睡。有人說這樣的堅持過於寵溺，孩子總要學習獨立，也有人說再大的耐心和體力都遲早會被磨盡，但你的安心，就是我的樂意。

你的睡眠習慣很奇妙，入睡與否好像總是取決於一個決定。時常看你硬撐著沉重的眼皮，任憑體力與意志力對抗，直到你露出下定決心般的表情，彷彿在默默對自己說：「好吧，可以睡了」，才瞬間進入夢鄉。我知道，那在你的小腦袋裡，是一個偉大的抉擇，選擇向世界說晚安，放下未完的冒險和心中所依戀的人，獨自走進一個靜止的空間。我想讓你知道，在每一個你決定要清醒或沉睡的時刻，都不需要一個人面對。我不會為你做決定，卻願意陪你一起承擔，你所做的每個決定。

你一直是個健壯的寶寶，旁人總勸我不要時常抱你，他們說，老是長時間承擔這樣的重量，難怪肌腱炎一年多了也好不了。但我深信正因為你是個健壯的男孩，更應該得到無盡的擁抱，讓你的心裡有滿溢的安全感，未來才能成為別人的安全感。

我無法替你扛起成長的重量，卻能在此刻扛起你的小世界，讓童年成為你生命中溫暖的堡壘和療癒的巢穴。唯有當你體會什麼是被愛的力量，以後才會懂得讓這份力量成為慷慨的源頭，因為承擔得起責任的堅韌，往往來自內心最溫柔的擁有。

小日子

生活是柴米油鹽醬醋茶，用名為甘願的年華，默默堆積出一個家。

因為你，我想成為更好的人，才能在每個偷偷抹去淚水的時刻，用更好的微笑去撐起獨一無二的你，在每道不知所措的光景裡，找到要更愛惜自己的理由。

我想接住你所有的喜怒哀樂，讓你活出真實的自己，不要求你成為我理想中的樣子，也不害怕有天你會擁有我所無法理解的奔赴。

我比你勇敢嗎？其實我只是願意為了你勇敢。所有的認真和努力，都不只是為了把日子過好，而是把想愛的人愛好。

幸運的是，我的日子是你，愛也是你。

那些媽媽才懂的事

為母的心是很無私卻也很專屬的存在，她的愛是毫無保留的寬闊，所愛的對象卻是獨一無二的專注。我想，對媽媽而言，沒有任何話語能取代孩子的告白、沒有什麼行動比得過家人日常的分擔，但她的心裡，仍有等待著被溫柔填滿的空隙，需要同理心和希望的照耀，讓她知道她並不孤單。

媽媽除了隊友之外也需要夥伴，除了寶貝也需要知己。她們需要被理解、被鼓勵，需要聽見更多真實肯定的聲音。媽媽也需要被愛。

這是給媽媽們的幾句心裡話，讓我們成為彼此的心靈後援：

1. 人生最偉大的成就，不一定是指妳所做的事，也可能是妳所養育的人。
2. 我們沒辦法成為一個完美的媽媽，但有無數種方式可以成為一個好媽媽。
3. 成為媽媽後，我們並沒有喪失鬥志，只是看懂了更珍貴的事。
4. 「聽媽媽的話」不是偶然而是必然，因為一個母親對孩子所說的話，很可能會成為陪伴他們一生的內在聲音。
5. 你和你的孩子是名副其實的「天生一對」，因為很顯然，連上帝都覺得沒有人比妳更適合成為這個孩子的媽媽。
6. 如果「為母則強」有一套符合現實的公式，那一定不是（能力＋堅強），而是（混亂的媽媽日常＋柔軟的媽媽心腸）。

7. 媽媽的人生不是身不由己，而是心甘情願，但心甘情願也會累；所以我們只需要休息，不需要批評。

8. 當我們將自己奉獻給日常中的小事，偉大的事就會發生。妳種的是愛，收的也是愛。

秋夜初雪

兩個孩子蹲在一個用紙箱子搭出來的秘密空間裡不停地畫，用鉛筆留下無數個黑色的印記，和被筆尖戳破的小黑洞。她時常覺得，記憶中那個體無完膚、滿是黑洞的紙箱子，像極了她千瘡百孔的童年。

晚秋的夜晚，窗外飛舞著晶瑩的雪花，在路燈的照耀下，好似深夜裡揮著白色羽翼的螢火蟲，在天空中無憂無慮地嬉鬧，渾然不知一戶戶緊閉的門窗背後，藏著多少不為人知的哀愁。

今年的初雪來得特別早，迫不及待地追逐著秋天的尾巴，為滿地還來不及褪色的落葉換上了一套銀裝，雖美得一塵不染，卻失去了色彩斑斕、姿態萬千的模

THREE

真正能
終生囚禁
我們的
不是破碎的
家庭
而是
為家庭
破碎的心

樣，以完美無瑕的重量掩蓋了生命的本相。

人們總眷戀窗外的美景，傾慕白雪以聖潔光輝照耀出的一片風光，又有多少人能體會，有時窗內的冷漠，才是真正使這個世界失溫的風雪。

我把眼光從窗外收回，投向身後蜷縮在長沙發裡的她。她裹著一條針織毛毯，把臉埋在靠墊之中，像一隻疲倦的小貓，在狹窄的安全範圍內磨蹭著，標記屬於家的味道。

「外面下雪了。」我邊說邊自顧自地走進她家廚房，端了兩杯熱水出來。

「我怕冷。」她抬起頭說，伸手接過我遞給她的杯子，身子仍瑟縮在沙發裡。

「我知道，不然妳也不用大雪夜裡把我找來取暖。」我打趣地說。見她的表情瞬間從失魂落魄恢復成平時不容招惹的模樣，我趕緊收起笑容，正經地說：「我也怕，每個人心裡都有陽光曬不到的地方。」

她怔了怔，從沙發裡坐了起來，四周打量著空蕩蕩的屋子，低聲地說：「人都走光了，還有什麼陽光？」

「妳還在，這個家就沒散。」

「散了，都散了。我爸今天下午告訴我們，他在外地再婚了。我媽聽完後一聲不響地走了，我爸隨後也離開了，大概是飛回他另外那個家了吧。」她把一個故事敘述成一場事故，小心翼翼地過濾掉起承轉合的情感抒發，留下渾然無味的事實陳述。

然而，無論她的語氣多麼冷淡，受傷的眼神卻反射出心底的碎片，像一面被打破的鏡子，帶著一道道不規則的裂痕，仍然透明卻再也拼湊不出完整的原貌。我想起下個星期便是她的婚禮，藉此機會，多年來在外地生活聚少離多的父親，才好不容易願意回家團聚，如今卻演變成如此不可收拾的局面。

她故作鎮定地擠出一個堅強的微笑，抬起下巴倔強地說：「沒關係，問題還是得解決。我們現在來討論一下婚禮流程該怎麼修改，妳別擔心，我可以的。」

「要相信自己可以，但也請適當地允許自己不可以。今晚想哭想笑我都陪妳，處理事情並沒有比照顧心情重要。」我心疼地說。事情總會在那裡等著被處理，但心情一旦被忽略，就很容易在麻木中錯過善待自己的機會。

我不忍見她沉溺在虛假的寧靜中遺失自己。當習慣被壓抑的情緒在內心不斷累積，「麻木」就像是心頭上生長出的繭，從邊緣開始層層覆蓋住原本柔軟的心，直到我們再也看不見內心真實的需要，因而喪失了妥善照顧自己的能力。硬繭因自我防衛而存在，卻在隔離負面刺激的同時，也隔絕了接收幸福的正面感官。

我與她相識已十五年，從學生時期開始，我們便互相扶持，跌跌撞撞地走過許多成長的挑戰。她是個看似有話直說，實則習慣逞強的人。她時常開玩笑地說我是外柔內剛，而她則是外剛內柔，所以我們需要黏在一起才能所向無敵。但其實這麼多年來，我一直想告訴她，我並不希望她所向無敵，只想與她並肩同行，成為守護彼此心靈健康的夥伴。因為真正能終生囚禁我們的，不是破碎的家庭，而是為家庭破碎的心。

那個下著初雪的夜晚，她又哭又笑地說了很多小時候的故事，大部分是我已經聽過的情節，和未曾聽過的心結。我默默傾聽著，深知對於一個習慣拖著滿身傷痕前進的人來說，往後看，往往比向前走更需要勇氣。我們總能輕而易舉地將心思寄託於前方的奔赴，卻難以面對過去的辜負，雖鍛鍊出了異於常人的意志力，卻喪失了療癒自我的醫治力。

她說自己從小便習慣了戲劇化的家庭常態，爸媽每次吵架吵到開始砸碗盤的時候，她便獨自躲到房間裡哭泣。後來弟弟出生了，她發現自己好像不能再哭了，家裡再有打鬥時，她就會帶著弟弟躲到房間裡畫畫。兩個孩子蹲在一個用紙箱子搭出來的秘密空間裡不停地畫，用鉛筆留下無數個黑色的印記，和被筆尖戳破的小黑洞。她時常覺得，記憶中那個體無完膚、滿是黑洞的紙箱子，像極了她千瘡百孔的童年。

我靜靜地沿著她的記憶，陪她回到破碎的根源，突然覺得此刻「回顧」的意義，也許就是「回頭眷顧」那個躲在黑洞裡等待著被擁抱的孩子。

「長大後我才慢慢發現，原來我的家庭狀況並不正常，不過我還是很難想像，那些所謂正常家庭中的小孩究竟都是怎麼長大的？還有，正常，就是幸福嗎？」她迷茫地問。

驀然間，臥室的電話鈴響了起來，她似乎嚇了一跳，下意識地走進臥室，拿起了話筒。對方似乎只說了一句話就掛斷了，她愣然地站在原地，好一陣子後才臉色蒼白地走出房間。

「是我弟，說他半小時後到家，跟我爸媽一起。這小子不知道又在搞什麼！」她含糊地說，擔憂和焦慮全寫在臉上。

「他把妳爸媽找回來了？」我忍不住驚呼，隨後禮貌地說：「那我先回家吧，讓你們一家人好好談談。」

她被動地點點頭，默默站到一旁，直愣愣地看著我收拾東西準備離開。我回頭瞧見她那欲言又止的模樣，像個徬徨無助的孩子，於是忍不住關心地問：「妳還好吧？在想什麼？」

「我在想這麼尷尬的局面，他們回來後要怎麼辦？假裝沒事然後表面上和好嗎？很多人說我們要學會與父母和解，但我真的很想問，到底什麼是和解？沒有和、哪來的解？」她逐漸提高了音調，語氣中夾雜著悲憤和苦楚。

「這個問題好真實啊！我也有過同樣的困惑。」我認真地說：「和解字面上的意思是指雙方互相諒解，平息紛爭後重歸於好。但在現實生活中，很多時候根本無法達到所謂的互相，因為不是所有人都同樣在乎，更別提懂得彼此尊重，也就是妳說的，沒有和，怎麼解？」

她點了點頭，默默窩回沙發上，因想法得到共鳴而暫時平靜了浮躁的心。

我給了她一個安慰的微笑，緩緩地說：「那麼，或許比和解更貼切的說法是原諒。我知道原諒這個詞可能聽起來很刺耳，但它實際上的意義是溫柔的。原諒並不等於和解，和解是以釋懷所發生的事為目的，原諒則是以修復自己為出發點。原諒不是強迫自己去接受一段關係，而是幫助自己切割這段關係所帶來的負面影響力，卸下我們身上所背負的被害者包袱，放自己自由，去開始一個反敗為勝的人生。」

或許長大的必經之路，也包括試著原諒那些父母以愛為名帶給我們的傷害，因而明白他們自己也是背負著無數傷痕的人。

「我一生都在強迫自己接受，從來沒有想過應該要先幫助自己切割。有太多累積在心裡的結，可能真的沒有原諒，就沒有和解。但是我有能力去原諒嗎？我願意原諒嗎？」她沉思地說，當纖細的思維鑽進了長年孤寂的內心深處，累積的冰雪令她不寒而慄。

「有時候不是我們不願意原諒，而是在一個充滿匱乏的身分中，我們都不知道該拿什麼去原諒。」我苦笑地說，悄悄坐到了她的身旁，感覺此刻我和她都需要一點溫暖。

在原諒之前，我們需要一點點尋回「自己」這個身分，讓心健康起來，才有能力寬恕過去。「身分」和「角色」的定義很容易被混淆，兒女、父母、伴侶、朋友等，都是我們生命中所扮演不同的重要「角色」，而「身分」，則是指完完整整、獨一無二的「自己」。我們會隨著生命的成長，而不斷加添和扮演不同的角色，但身分，卻是自始至終不變的根基。我們對於自我身分的價值認知，會影響所有我們所扮演的角色形象、親密關係的健康，和愛與被愛的能力。有時候我們的心之所以感到匱乏，是因為總是拚盡全力要成為自己所扮演的角色，但唯獨忘了要成為自己。

有的角色使我們充滿愛的能量，有的則掏空我們的自信和希望，因此我們都要適時地從不同角色所帶給我們的價值感中抽離，明白一個角色的是非成敗，不代表全部的人生，更不足以詮釋全部的你。

「謝謝妳。」她凝視著我，語氣鄭重而感性。

「怎麼了？」

「只是很慶幸有人願意跟我聊聊這些有關……」她停頓了一下，似乎在腦海中尋找著合適的詞彙，她輕輕吸了一口氣，接著說：「有關生命的事。雖然很多事我還沒想明白，但我突然覺得好像離自己更近了一點。」

那晚我離開她家時，片片雪花已化為冰霜。地面上深深淺淺的足跡，合力推開了冰雪的覆蓋，讓落在地面上的秋日紅葉，悄悄探出瑰麗的色彩。原來楓葉寬容與和平的象徵，在風雪的磨礪中竟顯得更加深邃。

一個星期後，她的婚禮如期舉行，沒有人缺席。婚禮中最令我難忘的，是她弟弟的一段致詞：

「從小大家都說我姊很強悍，打過的架比男生還多，但只有我知道，那是因為那些拳頭若不是她挨下來，就可能會打在我身上。小時候我們有的並不多，但她卻會用她所有的一切來保護我，如今，我有的還是不多，但我也會拚盡全力去保護她。我希望姊姊不只能擁有一場完整的婚禮，從今以後更能獲得完整的幸福。」

致詞結束時，她在眾人的掌聲中，含淚起身與弟弟擁抱，兩個人的眼底都閃耀著奇異的光芒，那幾乎是一種劫後餘生的默契，是相依為命的依賴，亦是久別重逢的感慨。在那一瞬間，我看見兩顆孩子般炙熱的心緊密地靠在一起，他們交換著不為人知的秘密，將各自收藏的眼淚融入同樣的血液裡，治癒了彼此身上密密麻麻的傷痕。

後來她告訴我，她好像找到了原諒的力量。在那個飄著初雪的夜晚，她的弟弟平靜地把爸媽帶回家，將一家人聚集在客廳裡，穩重地對他們說：「這個家的完整，早已經不在於我們還能不能勉強湊在一起，而是我們能否懂得彼此成全，給每個人權利去追求屬於自己的人生。」那一刻她突然驚覺，從小跟在她身後的那個小男孩，已在不知不覺中長大了，強壯到能為她挺身而出，用另一種愛，使她在千瘡百孔的原生家庭中，看見滲入裂縫的陽光。曾經她以為，不完整的家庭無法培育出健康的生命，如今她明白，心若向陽，即便是依附著裂縫中參差不齊的光芒，仍能綻放出完整燦爛的人生。

我們生命中所扮演的每一個角色都息息相關，它們相互賦予、也相互剝奪著我們對於身分的自我認知。每一個角色裡都承載著愛，而愛，總是環環相扣的。破碎的家庭未必能被修復，但破碎的心，卻還有機會能被嶄新的愛填滿。我們無法改變過去的傷痛，卻可以在愛中被賦予重新認識未來的勇氣。

婚禮過後，大地開始回溫。那年在晚秋過後，竟沒有再下過雪。秋季的那夜初雪，被人們喻為一場美麗的奇蹟。

finding you

謝謝你成為你，
讓我找到我。

只是因為你是你

不是每個人都那麼有幸，能在原生家庭中體驗到那種無關於表現、只關乎身分的愛，所以我們只好在長大後，比別人更用心地去認識自己的好，進而學會相信和肯定自己。

我們到底需要認識自己到什麼地步？

直到你能相信，有人會愛你，單單只是因為你是你。

長大這件事，其實並不受限於年歲，因為自我接納與和解，是我們終其一生都在探索的旅程。

慢慢走，這趟旅程終會證明，有些錯過的美好，還有償還的機會，比如對自己的喜歡，永遠不會開始得太晚。

以溫柔擁戴你的獨一無二

作　　者——Jas林沁
主　　編——林巧涵
責任企劃——謝儀方
美術設計——高郁雯
版面構成——林曉涵

第五編輯部總監——梁芳春
董 事 長——趙政岷
出 版 者——時報文化出版企業股份有限公司
一〇八〇一九臺北市和平西路三段二四〇號七樓
發行專線——（〇二）二三〇六六八四二
讀者服務專線——〇八〇〇二三一七〇五
（〇二）二三〇四七一〇三
讀者服務傳真——（〇二）二三〇四六八五八
郵　　撥——一九三四四七二四　時報文化出版公司
信　　箱——一〇八九九臺北華江橋郵局第九九信箱

時報悅讀網——www.readingtimes.com.tw
電子郵件信箱——yoho@readingtimes.com.tw
法律顧問——理律法律事務所 陳長文律師、李念祖律師
印　　刷——和楹印刷有限公司
初版一刷——二〇二二年十月二十八日
定　　價——新臺幣三八〇元

以溫柔擁戴你的獨一無二/林沁作. -- 初版. --
臺北市：時報文化出版企業股份有限公司,
2022.10
面；　公分
ISBN 978-626-335-979-6(平裝)

1.CST: 人生哲學

191.9　　111014964

時報文化出版公司成立於 1975 年，並於 1999 年股票上櫃公開發行，
於 2008 年脫離中時集團非屬旺中，以「尊重智慧與創意的文化事業」為信念。

ISBN 978-626-335-979-6　　Printed in Taiwan